Conectar con la universidad
La fe y el servicio en el ámbito académico

Conectar con la UNIVERSIDAD

La fe y el servicio en el ámbito académico

Terence C. Halliday

Vinoth Ramachandra

Alejandra Ortiz

Gustavo Sobarzo Aguayo

Sarah Nigri de Angelis

Morgana Boostel

Terence C. Halliday, Vinoth Ramachandra, Alejandra Ortiz,
Gustavo Sobarzo Aguayo, Sarah Nigri de Angelis y Morgana Boostel
Conectar con la universidad: la fe y el servicio en el ámbito académico - 1.a edición
– Certeza Unida, 2022.
90 pp.; 14 x 21 cm.

ISBN 978-612-5026-09-5
Hecho el Depósito Legal en la Biblioteca Nacional del Perú N° 2022-01715

1. Categorías. 2. Religión. 3. Cristianismo.

Título del original en inglés: *Engaging the Whole University for Christ* by Terry C.
Halliday and *Christ and the University* by Vinoth Ramachandra, originally published
in the booklet entitled, *Engaging the Campus: Faith and Service in the Academy*.
© 2014 Fellowship of Evangelical Students (FES) Singapore.

Traducción y edición: Alejandro Pimentel
Diseño de carátula: Eliezer D. Castillo P.
Diagramación: Hansel J. Huaynate Ventocilla

Ediciones Certeza Unida es la casa editorial de IFES en los países de habla hispana.
IFES (International Fellowship of Evangelical Students), también conocida en América
Latina como la Comunidad Internacional de Estudiantes Evangélicos (CIEE), agrupa a
movimientos estudiantiles nacionales que procuran formar comunidades de discípulos
quienes, transformados por el evagelio, impacten la universidad, la iglesia y la sociedad
para la gloria de Cristo.

Editoriales miembro de Certeza Unida:

Certeza Argentina, Bernardo de Irigoyen 678, 5° I, (1072) caba, Argentina.
certeza@certezaargentina.com.ar

Ediciones Puma, Av. 28 de Julio 314 Oficina G, Jesús María, Lima, Perú.
Apartado Postal 11-168.
ventas@edicionespuma.org | www.edicionespuma.org

Andamio Editorial, Alts Forns 68, Sótano 1, 08038, Barcelona, España.
libros@andamioeditorial.com | www.andamioeditorial.com

Contenido

Prólogo

¿Qué es y cómo luce en la práctica entablar conversación con todo el ámbito universitario por la causa del evangelio? Esa es la pregunta central a la cual este trabajo desea aproximarse. Empecemos definiendo lo que IFES (Comunidad Internacional de Estudiantes Evangélicos) entiende por «Conectar con la universidad». **La visión de *conectar con la universidad* consiste en lograr que todos los movimientos nacionales tengan un testimonio cristiano encarnacional, integral e intelectualmente creíble en el mundo universitario.** Por **encarnacional** se entiende que sucede principalmente dentro de la universidad, no hacia la misma; que abraza plenamente la cultura universitaria, en sus dolores y agitaciones; que afirma el potencial que Dios le ha dado para el florecimiento humano y que discierne críticamente sus tendencias idolátricas. Por **integral** se entiende que desarrolla el carácter, las prácticas y los abordajes cristianos al ámbito académico y la pedagogía, de tal manera que el señorío de Cristo pueda manifestarse en todo aspecto de la vida. Por **intelectualmente creíble** se entiende que, con un arraigo profundo en la Biblia y en la tradición intelectual cristiana, presenta con humildad y valentía una voz y sensibilidad cristianas a las distintas conversaciones académicas y labores prácticas de la universidad.

A la luz de este concepto les ofrecemos algunos acercamientos a la pregunta planteada. Estos nos van a permitir que entendamos y profundicemos la noción de conectar con la universidad en nuestros movimientos nacionales de IFES en América Latina. Al tenor de un trabajo similar realizado por el movimiento hermano FES Singapur, ofrecemos aquí cinco ensayos. Los dos primeros provienen de la pluma de queridos hermanos mayores de IFES: Terry Halliday y Vinoth Ramachandra. Ambos han visitado América Latina en distintas ocasiones con el propósito de fortalecer la capacidad de los movimientos en el diálogo con las ciencias y la fe cristiana. Sus ensayos se concentran en los aspectos fundacionales de *Conectar con la universidad*. Los tres siguientes ensayos fueron escritos por cuatro colegas del ministerio: Alejandra Ortiz, Gustavo Sobarzo, Sarah Nigri y Morgana Boostel. En ellos nos describen experiencias respecto a *Conectar con la universidad* en sus movimientos. Nos cuentan respecto a cómo sus movimientos se han involucrado en temas de migración, acompañamiento a profesores universitarios e investigadores, y el racismo.

Es nuestro deseo y oración que este trabajo genere conversaciones que logren nutrir el testimonio y la misión de los movimientos nacionales de IFES-AL en las universidades de la región.

Josué O. Olmedo Sevilla
IFES-AMÉRICA LATINA
Conectar con la universidad e Iniciativa Logos y Cosmos

Conectar con toda la universidad para Cristo[1]

Terence C. Halliday[2]

¿Cuál sería la visión de IFES (Comunidad Internacional de Estudiantes Evangélicos) para el siglo veintiuno si Cristo y los cristianos estuvieran, de hecho, real y visiblemente conectando **toda** la universidad para Cristo?

Esta es una visión que tuvo sus inicios en la Asamblea Mundial 2011 de IFES en Cracovia, Polonia. Desde allí hemos continuado la discusión, el desarrollo, el refinamiento y la adaptación de esta visión en varios continentes hasta el presente. Se trata de una visión con un alcance global, pero cada país, cada continente y cada persona debe darles el carácter adecuado a sus circunstancias.

Empiezo con dos historias, que todavía son actuales y en desarrollo.

Hace un tiempo atrás, estuve en una reunión en un país del Asia del Este con un grupo de abogados líderes y expertos

---

1 Esta ponencia fue presentada por Terence C. Halliday en la *Consulta de liderazgo regional de* IFES EPSA (África anglófona y lusófona), llevada a cabo en Ghana en julio de 2013.
2 Terence C. Halliday es codirector del *Center on Law and Globalization* y profesor investigador en la *American Bar Foundation*; profesor adjunto de Sociología en la Northwestern University y profesor adjunto en la *School of Asia and the Pacific*, en The Australian National University.

en derechos humanos. Muchos de ellos son cristianos. Sufren persecución por parte de su gobierno, incluso desapariciones, torturas y muertes. Me conmovió la valentía que demostraron al confrontar a su gobierno represivo, que teme el posible impacto del cristianismo sobre el gobierno del partido... También quedé impresionado por los esfuerzos que estos valientes abogados han logrado para entender lo que su fe cristiana, la Biblia y la teología cristiana tienen que decir acerca del futuro de su país —un país donde los cristianos pueden celebrar cultos abiertamente y expresar su fe de manera libre. Al mismo tiempo, estos abogados se esfuerzan por pensar «cristianamente» y «constitucionalmente». Piensan y se proyectan en sus futuros roles en su país, no solo como abogados sino también como cristianos. Sin embargo, han descubierto que esta tarea es muy difícil.

Un par de semanas antes me había reunido con abogados cristianos cuando impartía un curso titulado «Abogados heroicos» en la facultad de derecho de una prestigiosa universidad de los Estados Unidos. El curso había sido convocado por una organización estudiantil cristiana. Esta facultad de derecho es exactamente el tipo de lugar de donde esperaría que los mejores y futuros abogados de los Estados Unidos y del mundo sean capaces de pensar cristianamente acerca de la ley, de las instituciones jurídicas, del ejercicio de sus carreras y de las constituciones de los países. Sin embargo, descubrí que estos brillantes estudiantes de leyes poseían una tímida y débil habilidad para vincular su fe cristiana a sistemas jurídicos enteros o a la constitución de países o a la movilización política de abogados. En lugar de ello, guardaban la fe en un bolsillo y la ley en el otro.

Comparen estas dos historias. En la primera de ellas hay una gran urgencia para que el pensamiento cristiano informe y dirija una sociedad y un Estado. En la segunda de ellas, los estudiantes cristianos muestran una notoria falla en desarrollar la conexión entre el pensamiento cristiano y la ley, la sociedad y la política.

De hecho, en ambos casos, los grupos cristianos de las universidades no han podido conectar su fe a las grandes ideas de la universidad o los grandes problemas de nuestros tiempos en los cuales las universidades están profundamente involucradas. Lo digo con más firmeza, de cierta forma IFES y sus movimientos nacionales han fracasado en su ministerio a las universidades. Los movimientos de IFES, a nivel global en el siglo veintiuno, deben esforzarse más para «conectarse con la universidad», de hecho, «conectarse con *toda* la universidad».

Quizá se necesita un planteamiento distinto respecto a los ministerios cristianos universitarios —distintas audiencias, distintos obreros e imaginarios diferentes. Los movimientos nacionales de IFES y los grupos universitarios necesitan reinventarse a sí mismos. Si no lo hacen, una vasta institución de enorme influencia —las universidades de cada nación— se perderá para Cristo.

¿Qué significa conectarse con *toda* la universidad?

Incluye estudiantes de pregrado y posgrado, docentes e investigadores, y también personal administrativo y empleados. Incluye todo lo que la universidad es y hace: la investigación y docencia; la formación del pensamiento crítico; la búsqueda de la verdad; así como abordar los más difíciles e inquietantes asuntos del pensamiento y la práctica en la vida académica y de la nación.

Conectarse con *toda* la universidad requiere de apoyo mutuo y de la interacción de cuatro modelos del ministerio cristiano. Podemos pensar en ellos como las cuatro patas de una mesa:

- El modelo pietista
- El modelo evangelístico

- El modelo apologético
- El modelo dialógico

Es en el último de estos —el dialógico— donde muchos de nosotros que formamos parte de IFES creemos que los movimientos cristianos universitarios necesitan una nueva visión.

Primera pata

El modelo pietista

- Se enfoca en la vida cristiana interior, el estudio de la Biblia, la oración y la comunidad
- Se dirige a los estudiantes de pregrado
- Le falta conectarse con asuntos de la fe y el ámbito académico

En el modelo pietista, la principal orientación de los grupos de IFES es hacia la vida cristiana interior, donde las actividades más importantes se enfocan en el estudio de la Biblia, la oración y la comunión. Ello es vital y esencial para el ministerio en el campus. El énfasis temático se encuentra en vivir la vida cristiana personal.

Sin embargo, descubrimos que por sí sola esta pata de la mesa sufre de severas limitaciones:

- El ministerio se dirige a los *estudiantes*, no los docentes —y por lo general son estudiantes de pregrado, no los de años superiores.

- El ministerio generalmente no conecta las *mentes* de los estudiantes, la mismísima razón por la que ellos están en la universidad.

- El ministerio logra una conexión limitada con los docentes cristianos como *profesores universitarios*. No hay ningún esfuerzo sistemático para reconocer: a) quiénes son los docentes cristianos, b) cómo podrían ser movilizados para el beneficio de los estudiantes, y c) cómo se podría aprovechar sus propios dones y erudición para la causa del reino de Dios en la universidad.

- Muy a menudo, los estudiantes estudian *versículos bíblicos,* pero no aprenden respecto a los grandes temas teológicos de la Biblia.
- Frecuentemente hay una falta de conexión con los grandes debates, luchas y fronteras de investigación de la universidad.

Como fenómeno social, este ministerio muy a menudo permanece ajeno al centro de la universidad y se mantiene en sus márgenes. Este reproduce dentro de la universidad lo que los estudiantes reciben de la iglesia local.

El desarrollo de la vida interior es esencial ya que es una de las cuatro patas de la mesa cristiana, por medio de la cual podemos conectarnos con *toda* la universidad. Pero no es suficiente si pretendemos conectar a la universidad entera para Cristo.

Segunda pata

El modelo evangelístico

- Gana estudiantes para Cristo
- Busca alcanzar todo el campus
- Evangelización personal
- Evangelización por conferencias públicas

La pata evangelística consiste en la proclamación del evangelio de Jesucristo al campus. Puede realizarse de manera discreta, por medio del testimonio personal de la fe, o de manera más abierta, por medio de reuniones más amplias y eventos públicos. Con ello se cumple la Gran Comisión —ir por todo el mundo y predicar el evangelio— y esto incluye la universidad.

Sin embargo, esta poderosa presencia en el campus tal vez no toque el corazón de lo que la universidad hace —de lo que piensa, de sus intenciones y de lo que enseña— porque los cristianos no logran la conexión adecuada entre seguir a Jesús y el plan curricular o los planes de investigación o las contribuciones de la universidad al debate público.

Hacemos bien cuando nos alegramos por aquellos que llegan a Cristo.

¿Nos lamentamos por aquellos que siguen perdidos? Y a menudo se pierden porque hemos ignorados sus mentes. Puede ser que provengan de una familia cristiana, pero de alguna manera perdieron su fe en la universidad.

¿Qué estamos haciendo por ellos?
¿Por qué muchos estudiantes que vienen de familias cristianas piensan que la fe cristiana

es para niños de escuela dominical, no para
profesores universitarios?
¿Cuántos estudiantes brillantes, inteligentes e
intelectualmente capaces se alejan de Cristo en
nuestras universidades?
¿Cuántos afirman que la fe cristiana no tiene nada
que ver con lo que estudian, nada que ver con
la universidad, nada que ver con su enseñanza e
investigación?

Cuando hablamos de treinta personas que han sido *ganadas para Cristo,* ¿pensamos acerca de aquellas treinta, sesenta o noventa personas que siguen *perdidas para Cristo* cuando vienen a la universidad?

Difundir las buenas noticias de Jesucristo es parte vital y alentadora de nuestra presencia en el campus. Pero no es suficiente si queremos conectar a *toda* la universidad con Cristo.

Tercera pata

El modelo apologético

- Identifica una fuente de amenaza intelectual
- Encuentra personas o libros que hablan con autoridad sobre la amenaza
- Elabora una defensa en contra de la amenaza

La pata apologética reconoce que los grandes temas de debate en las universidades podrían ser una amenaza contra los cristianos y su fe. El ministerio apologético se conecta con la universidad donde esta parece amenazar la fe.

El programa de la apologética por lo general sucede de esta manera:

- Identifica una fuente de amenaza intelectual.
- Busca docentes universitarios, cercanos o lejanos, que posean autoridad para entender o evaluar las ideas, o busca obreros de ministerios universitarios que puedan equipar a los estudiantes con libros o materiales para que aborden con autoridad la defensa respectiva.
- Invita a docentes para que elaboren una defensa en contra de la amenaza mostrando que esta es infundada, o que se entiende la amenaza pero es refutable, y así por el estilo.

El ministerio apologético tiene muchas virtudes. Una apologética efectiva en el entorno universitario puede servir de aliento para los estudiantes, en particular para aquellos a quienes el ataque particular y su defensa es pertinente para sus intereses académicos.

Una apologética bien pensada ocupa una parte integral de la fe. Sin embargo, me preocupa la manera en que se la presenta cuando:

- toma una dirección defensiva y reaccionaria.
- raramente o nunca aborda asuntos que los estudiantes o docentes enfrentan en la vanguardia de sus campos de estudio.
- no exaltan lo maravilloso de la obra de Dios o la pertinencia de la revelación bíblica en los campos de la literatura o la historia, en la nanotecnología o el poscolonialismo, en la etnomusicología o la economía institucional, en la religión comparada o en la física óptica, en la agroeconomía o la bioquímica.

La apologética es vital dado que constituye una de las cuatro patas de la mesa cristiana por medio de la cual podemos conectarnos con toda la universidad. Sin embargo, *no* es suficiente si IFES y sus movimientos nacionales no logran conectarse con *toda* la universidad para Cristo.

Cuarta pata

El modelo dialógico

«Involucrar la mente por medio de conversaciones con la universidad»[3]

- Trata a la universidad con seriedad, según las condiciones que ella propone
- Reconoce que el ministerio universitario es un llamado particular, no una copia de la iglesia local en el campus universitario
- Se conecta con la *mente* e infunde la *fe* en todas las conversaciones en la universidad

El ministerio dialógico trata a la universidad con seriedad, según las condiciones que ella propone. Reconoce que el ministerio universitario es un ministerio particular por derecho propio. No remeda sencillamente lo que la iglesia local hace. En vez de *predicarle* a la universidad, decide *conversar* con ella.

El Dr. Daniel Bourdanné, antiguo Secretario General de IFES, lo expresó con claridad:

> Deberíamos tener un discipulado de la mente.
> El llamado que este ministerio tiene es en la
> universidad, no en un colegio de primaria. Se
> trata del lugar donde uno ejercita la mente.
> Debido a ello, conectar con la universidad no
> puede suceder si no tomamos con seriedad el

---

3. Nota del editor: La frase original en inglés, *Engaging the Mind through Conversations in the University*, ha sido tomada del Dr. Vinoth Ramachandra, Secretario para el Diálogo y Compromiso Social de IFES.

discipulado de la mente. Este es nuestro campo
de ministerio. Este es el lugar donde Dios nos ha
puesto.

En primer lugar, hemos sido llamados a pensar cristianamente acerca de todo lo que sucede en la universidad.

En segundo lugar, hemos sido llamados a dialogar con todos los demás en la universidad —estudiantes de pregrado y posgrado, docentes y funcionarios. Se trata de conversaciones en torno a los asuntos y temas que están en la mesa de debate de la universidad y el plan curricular que enseña. Se trata de conversaciones, de diálogos impregnados por la fe.

De hecho, conectar de manera dialógica con la universidad desea atraer a todos en el campus a cierta clase de contacto, conexión y exposición a los cristianos, sus creencias, sus ideas, virtudes y obras.

El modelo dialógico tiene siete principales características:

1. Es *proactivo*: presenta a Cristo frente a los temas cruciales de la universidad y presenta dichos temas cruciales a Cristo.
2. Es *amplio*: educa a los estudiantes cristianos y se conecta con los docentes y empleados cristianos.
3. Es *completo*: deja ver su influencia en la enseñanza, al plan curricular, en la investigación, el compromiso político y social, el aula y todos los demás aspectos de la administración universitaria. Cada rincón de la universidad recibe el brillo de la luz de Cristo.
4. Respeta las habilidades *intelectuales* de los estudiantes y docentes que residen en las universidades de cada nación.
5. Es *pertinente,* en la medida en que aborda las grandes conversaciones del día en el momento mismo en que se formulan y debaten.

6. *Está dispuesto a escuchar y también compartir sus opiniones*, en tanto que desea tener conversaciones respetuosas con cristianos y no cristianos por igual.
7. Elogia la presencia de la comunidad *intelectual* que es característica de las grandes universidades. Esto incluso podría generar que los cristianos cooperen con gente no religiosa o con otros grupos religiosos en el campus.

Es obvio que hay cambios fundamentales respecto a la dirección de los modelos anteriores, es decir, de las otras patas de la mesa.

- Se elogia la *mente* cristiana con el mismo entusiasmo que el alma cristiana.
- El ministerio se reposiciona de las *márgenes* del campus al *centro* mismo de la universidad.
- Se elogian las ideas y las problemáticas en los confines del aprendizaje y los debates de vanguardia por causa de lo que nos revelan respecto a Dios y su obra en el reino.
- Se logran vencer los obstáculos entre estudiantes y docentes, de la misma manera que sucede en laboratorios de investigación, seminarios avanzados y grandes proyectos de investigación en los campus universitarios y sus centros de investigación.

Como afirmara el Obispo David Oginde: «Se prepara a los estudiantes (y yo añadiría a los docentes) para cargos directivos en el gobierno, servicio público, y el sector privado... Se prepara a la gente para cargos directivos en sus profesiones, en el mercado y en los medios de comunicación, en cada ámbito de la sociedad».[4]

---

4. El Obispo David Oginde preside los Ministerios Cristo es la Respuesta (CITAM), en Nairobi, Kenya.

Ejemplos de conectar con toda la universidad

A lo largo del mundo, desde casi todos los continentes, hemos escuchado de ejemplos maravillosos respecto a las maneras en que estudiantes y docentes han buscado conectar con la universidad —de maneras que superan nuestra imaginación. Vemos y sentimos la obra creativa del Espíritu de Dios que se mueve sobre la faz de la tierra, y nuevos frutos, nuevas flores que florecen en un lugar, y luego se trasladan a otra universidad, a otro país y a otro continente.

1. Estudiantes de pregrado, posgrado y recién graduados

En la India, la *Comunidad evangélica de graduados del norte de Delhi* organizó un programa de estudio intensivo de verano, donde alrededor de cuarenta recién graduados se reunieron cada día durante seis semanas, por cinco horas al día, desde las 14h30 hasta las 19h30. Se esperaba que leyeran de dos a cinco libros por semana de una variada lista de lectura. Algunos eran libros cristianos escritos por teólogos y dirigentes de iglesia. Otros eran absolutamente no cristianos, pero abordaban precisamente la clase de temas con los que los pensadores luchan en la India (y en las antiguas colonias británicas) y asuntos que los cristianos pensantes no pueden evitar. Algunos ejemplos de estos libros son: *Desde las ruinas del imperio*, por Pankaj Mishra; *Imperio*, por Niall Fergusson; *La economía negra en la India*, por Arum Kumar; y *El ascenso del dinero: Historia financiera del Mundo*, por Niall Ferguson.[5]

Los temas tratados eran estupendos y de gran pertinencia; se incluyeron temas como la clonación, el lavado de

---

5. Nota del editor: Aunque los títulos de estos libros aparecen en español, en su mayoría no han sido editados en español.

dinero y activos, el comercio exterior y el cambio climático. Además de tener abundante material de lectura, se exigía de los participantes que escribieran breves resúmenes y mantuvieran anotaciones en un diario. Por medio de un examen de conciencia, se planteaban preguntas como: «¿Por qué la iglesia cristiana no produce dirigentes eficaces, estadistas, pensadores, tales como Amartya Sen, Salman Rushdie o Nehru? ¿Qué es lo que la iglesia debe hacer respecto a esto para que produzca dirigentes y pensadores de vanguardia para los siguientes cien años?» Incluso se llevaron a cabo simulacros de negociaciones internacionales, todas conducidas en el contexto de actividades devocionales profundas.[6]

2. Estudiantes avanzados de posgrado y docentes

Cuando logran su mejor rendimiento, las universidades tratan de ideas, de investigación y la exploración de las fronteras del descubrimiento. Esto es lo que los docentes, estudiantes de posgrado, especialmente estudiantes de doctorado deberían estar haciendo.

Aquí se ofrecen dos emocionantes ejemplos:

UNIVERSIDAD STANFORD, ESTADOS UNIDOS.

La *Comunidad cristiana de estudiantes de posgrado* en la Universidad Stanford llevó esta idea un paso más adelante al crear un evento llamado «Charlas que emocionan a los estudiantes». El año anterior, los estudiantes entregaron resúmenes para «Charlas emocionantes» que abordaban el tema de pensar según una manera cristiana en torno a su área de investigación particular, y que durarían de diez a quince

---

6. Para más información pueden visitar la página web en inglés: www.summerstudy2013.wordpress.com; http://issjournals2013.wordpress.com

minutos. Los temas fueron variados: la inteligencia artificial, las ciencias informáticas, la psicología y la neurociencia.

Uno de los colaboradores del ministerio universitario comentó al respecto:

> «Ha sido una demostración fantástica —de un estudiante a otro— respecto a cómo puede lucir la integración de nuestra fe e investigación. Y ahora que lo han visto en la práctica, les es más fácil para aquellos estudiantes que han luchado con el concepto ver cómo ellos mismos podrían pensar y hablar acerca de su trabajo y fe».

UNIVERSIDAD DE QUEENSLAND, AUSTRALIA

El profesor Ross McKenzie, físico cristiano, nos informó respecto a un evento donde más de veinte docentes, estudiantes de posdoctorado y posgrado se reunieron en torno al tema «Los cristianos conectando con la universidad». Las disciplinas incluyeron relaciones internacionales, bioquímica, química, física, ciencias informáticas y jurisprudencia. Diez ponentes expusieron por cinco o diez minutos su investigación y las maneras en que creían que se relacionaba con la fe cristiana. Algunos ejemplos fueron los siguientes:

- Un estudiante de ciencias políticas debatió sobre un reciente ensayo que había escrito en torno al tema de «El derecho a proteger» y cómo las visiones respecto al mismo tienen una larga historia y han sido influenciados por la ética cristiana.
- Un estudiante de posdoctorado en bioquímica compartió sobre iniciativas en las que él estaba involucrado, para facilitar la enseñanza e investigación de la química en el mundo en desarrollo.

- Un físico cuántico discutió sobre aleatoriedad y asuntos de la soberanía de Dios.
- Un profesor de jurisprudencia habló sobre los fundamentos de la teoría del derecho y conceptos que se remontan a la época de Tomás de Aquino, y la tensión entre la ley y la gracia.

3. El campus universitario en su totalidad

Festival de las artes por la justicia

Israel Ortiz, en aquel tiempo obrero del GEU (Grupo Evangélico Universitario, movimiento de IFES en Guatemala) informó que hay una gran discrepancia entre los problemas que enfrenta Guatemala y el fracaso de los evangélicos en confrontar los mismos. Los cristianos a menudo han hecho mutis respecto a los asuntos de la violencia, la corrupción, la desigualdad y el racismo. La meta consistía en mostrar un rostro distinto del cristianismo en la Universidad de San Carlos. Como parte de un festival de las artes que se llevó a cabo en todo el campus, al grupo cristiano le surgió la idea de un festival de las artes que se concentrara en la justicia.[7]

Como parte de la preparación, leyeron un libro sobre la injusticia, visitaron el basurero municipal donde viven los pobres y se unieron a una marcha por la justicia por el Día del Trabajador el primero de mayo. Además, crearon una cuenta de Facebook en la que se generaron distintas publicaciones —un estudiante escribió una pieza de teatro sobre la injusticia, otro estudiante escribió una canción, otros crearon un collage de fotos y una exhibición de pintura. Por medio de estas actividades, se exaltó a Jesucristo como el

---

7. Para más detalles, dirigirse a http://scriptureengagement.ifesworld.org/2014/06/an-arts-festival-for-justice-communicates-a-world-of-hope/.

modelo de justicia. Al final del día, más de cien estudiantes se habían presentado en el escenario (hubo entre treinta y cinco a cuarenta presentaciones), y se logró invitar a otros estudiantes a que reflexionen sobre la justicia por medio de las artes. ¡En total, entre seiscientas a setecientas personas asistieron al festival!

4. Empleados y trabajadores universitarios

Proyecto Gratitud

Cinco estudiantes de pregrado de la *Comunidad universitaria cristiana* en la Universidad Nacional de Singapur quisieron movilizar a todo el cuerpo de estudiantes para mostrar aprecio por los empleados y trabajadores del campus, por ejemplo, el personal de limpieza y mantenimiento, conductores de buses y guardias de seguridad. El propósito era crear un ambiente de gratitud y compasión, es decir, demostrar las virtudes de Jesús. Las actividades que fueron llevadas a cabo incluyeron dar una porción de fruta o una taza de café a un empleado o trabajador con una pequeña nota de gratitud por el trabajo que realizan. La actividad cerró con broche de oro con una exhibición de arte que duró un mes y que narraba las historias de estos héroes anónimos del campus.[8] El proyecto recibió una amplia atención del resto del campus, incluyendo el periódico estudiantil, y dejó la impresión de que los cristianos son amables, considerados, compasivos y que se interesan en aquellos que muchos pensamos que están por debajo de nosotros.

---

8. Anterior a ello, hubo otros intentos para conectarse con la universidad. Por ejemplo, la *Comunidad de estudiantes cristianos del Instituto de Administración de Singapur* organizó un evento de tres días llamado «Descubre el perdón» con el fin de ayudar a crear conciencia respecto al perdón y el amor en nuestras relaciones. El evento logró impactar la vida de muchos en el campus.

El proceso de conectar con toda la universidad

Mientras iba compilando todas estas maravillosas historias, descubrí algo incómodo. Muchos, quizá la mayoría, de estos maravillosos experimentos de conectar con la universidad provienen de estudiantes de pregrado y posgrado.

Esto me hizo recordar una experiencia de aprendizaje que tuve demasiado tarde en la vida:

> En el *Centro para la Ley y la Globalización* tenemos un programa importante respecto a la violencia sistemática en contra de las mujeres durante conflictos civiles. Nos propusimos expandir nuestro sitio web, establecer redes de personas interesadas a lo largo del mundo y aprovechar al máximo las redes sociales. Supervisaba a una joven mujer de alrededor de veinticinco años de edad, quien a menudo se acercaba a mí solicitando autorización para intentar también explorar nuevas ideas y rumbos. Reconozco haber sido lento para responder, o no respondía, o tenía algunas objeciones, o hice muchas preguntas o tenía demasiadas reservas. Al final, ella se hartó de mí y decidió seguir adelante haciéndose cargo del asunto. Dejó de pedirme autorización en lo absoluto —tan solo enviaba informes de su labor. En otras palabras, ella decidió llevar a cabo algo y luego nos lo informaba más tarde.
>
> Muy rápidamente, ella logró que cientos de personas en el mundo se conectaran en una red que recibía nuestro boletín electrónico de

noticias llamado *Violencia contra las mujeres*. Ella empezó una cuenta de Twitter y nos conectó a conversaciones con otras redes mundiales que logró ampliar grandemente nuestro impacto. Ella estableció una cuenta en Linked-In a la que se añadieron cientos. Además, creó una cuenta en Facebook a la que se unieron unos cientos más. En otras palabras, cuando me quité del medio, esta iniciativa despegó y creció. Yo era el problema. Ella era la solución.

Fíjense en algunos de los extraordinarios experimentos que fueron mencionados anteriormente. Estos ministerios crecieron cuando a gente joven, estudiantes y obreros locales, se les dio el espacio y lugar para innovar, ser creativos y aprovechar su imaginación.

> Los jóvenes desconocen que
>   algo es irrealizable.
> No saben que
>   aquello es imposible de hacer.
> Entonces, inventan.
> Y se ponen en acción.

Conclusión

¿A dónde se dirigen IFES y sus movimientos nacionales en el siglo veintiuno?

- ¿Considerará nuestra visión a la universidad en su totalidad, como nuestro campo de misión?
- ¿Traerá una visión cristiana a las luchas intelectuales en torno a los grandes problemas de las disciplinas académicas?

- ¿Alcanzaremos a los docentes, así como también a los estudiantes?
- ¿Nos uniremos a la batalla por las grandes ideas que alteran los imaginarios y cambian el mundo?
- ¿Lograremos un impacto sobre cada persona en el campus universitario, desde el rector hasta el empleado de limpieza?
- ¿Formaremos a los que van a la vanguardia de las ciencias y de las naciones con el poder de las ideas que el evangelio cristiano contiene?

En estos últimos meses he invertido muchas horas con grandes héroes de los derechos humanos que también son héroes de la fe. Muchas veces ellos nos piden *no solo* el sustento que proviene del culto a Dios y el estudio bíblico *sino también* imploran por las herramientas para pensar cristianamente acerca de la ley, la política, los mercados y la ciencia en sus respectivos países. Están conscientes de que el futuro se acerca vertiginosamente. Temen no tener las herramientas que les serán requeridas para encarar el futuro.

Imagínense si ellos hubieran sido formados para pensar cristianamente cuando estaban en sus universidades donde:

- sucedían conversaciones sofisticadas con amplitud y apertura entre estudiantes de pregrado, posgrado y docentes.
- cada gran tema que surgía de la ciencia, las artes y la literatura, la agricultura, la medicina, la jurisprudencia y la ingeniería habría sido tratado con valentía como un tema de la *fe*, así también como de *erudición académica*.
- cada tema de la sociedad, el gobierno y el mercado formaba parte de la agenda.

Imagínense si se hubiera logrado transformar a la propia universidad —por los temas de investigación de los eruditos;

por la metodología que eligieron sobre dichos temas y su impacto.

Imagínense si multiplicáramos ambos elementos —pensar cristianamente y conectar con la universidad— por todas las naciones de este continente y por todo el mundo.

Imagínense, de hecho, ¡si Cristo realmente se habría conectado con *toda* la universidad!

Se trata de una gran visión, audaz y magnífica.

Que seamos dignos de ella.

Cristo y la universidad

Vinoth Ramachandra[9]

La Biblia nos cuenta la historia de la participación misionera de Dios en el mundo que él ha creado y ama. Es una historia que empieza con la escena de una pareja que se encuentra cultivando un jardín y termina con una ciudad multicultural que desciende del cielo para llenar la tierra (Ap 21, 22). Esta última presenta una visión majestuosa de la salvación, o *shalom*, del *florecimiento* humano —la restauración de nuestra relación con Dios, con nuestro prójimo y con la creación no humana. Las puertas de la ciudad (el reino de Dios) permanecen abiertas para recibir la «gloria y honor de las naciones» (Ap 21.24-26). Ello quiere decir que toda la riqueza cultural y económica de la tierra constituye el cumplimiento del mandato de la creación, que fue dado a la humanidad en Génesis 2.15 para que cultive la tierra y cuide de ella. El patrimonio cultural de todas las naciones será redimido, vaciado de toda acumulación idólatra y redirigido al culto a Dios y el Cordero que comparte su trono. Por ello, la visión de Juan, así como las cartas de Pablo, retiene la esperanza no del «abandono» de la historia sino de su sanidad. Dios no promete hacer «todas las cosas de nuevo»,

---

9 Vinoth Ramachandra se graduó de la Universidad de Londres con títulos de licenciatura y doctorado en ingeniería nuclear. Se desempeña como Secretario para el Diálogo y Compromiso Social de IFES (Comunidad Internacional de Estudiantes Evangélicos).

sino más bien hacer «nuevas todas las cosas» (Ap 21.5). La salvación incluye aquella reunión final y definitiva en culto a Dios, donde se acoge a todos, todo lo que es verdaderamente humano en todo lugar y tiempo; todos aquellos actos humanos que reflejan la belleza, el amor, la justicia y la verdad de Dios. Él toma lo que hacemos —el cultivo de la naturaleza, la innovación, la conservación del medioambiente, la poesía, la música, el diseño de ciudades, la proclamación del evangelio— y lo une todo para producir esta nueva creación. Esto es posible porque el mal que desfiguró su creación ha sido vencido por medio de la vida encarnada, la muerte y la resurrección de la Palabra de Dios.

La iglesia cristiana siempre ha confesado que Jesucristo no es sencillamente un sabio religioso sino aquel en quien *toda* la realidad creada se sostiene y forma un todo coherente (Col 1.17) y por medio del cual *toda* la realidad creada llegó a ser y finalmente será redimida (Col 1.18). Por ello, él está por sobre todas las áreas de la vida y del pensamiento. Jamás podremos llegar a entender en definitiva la naturaleza y el propósito del mundo, y de ninguna de las criaturas que lo habitan, excepto con relación a él. Por lo tanto, creer en este evangelio compromete a cada cristiano a una visión completa del mundo. El cristiano se ve obligado a participar como misionero en contacto con la realidad, buscando vigorosamente creencias nuevas y desconocidas, evaluándolas a la luz de la narrativa del evangelio, y tratando de encontrar un lugar para estas en la visión cristiana del mundo.

Las buenas noticias de la venida del reino de Dios en Jesucristo con el fin de sanar, renovar, y recrear su mundo fracturado son entonces mucho más grandes que un mensaje de salvación individual. Mi experiencia pastoral me ha enseñado que si se expone a los estudiantes a un evangelio que ha sido reducido a un mensaje individualista respecto a la salvación (es decir, «nacer de nuevo», «Cristo murió por mis pecados», «justificación por la fe», «ir al cielo», e ideas similares) será muy difícil hacer que se den cuenta que sus estudios académicos, compromisos sociales, actitudes políticas o conducta económica tienen algo que ver con el evangelio.

Muchos de nuestros movimientos y los obreros de IFES tienden a ver su labor básicamente como un ministerio juvenil; en este caso, sucede que los jóvenes son estudiantes universitarios. La universidad como tal, y los contextos sociales, intelectuales y políticos en los que ellos estudian, a menudo reciben un trato secundario o sin importancia. Pero, no somos un ministerio *a* estudiantes, sino un ministerio formado *por* estudiantes (de pregrado y posgrado), así como también docentes y administradores, a la universidad *en su totalidad*. El papel de los obreros locales de IFES consiste en facilitar este ministerio proveyendo y equipando a los estudiantes y docentes con los recursos bíblicos y teológicos de la iglesia global. Ello supone un aprendizaje colectivo para explorar lo que el señorío de Cristo significa en las distintas disciplinas que se enseñan en las facultades académicas, los proyectos de investigación que se desarrollan en la universidad, así como también aprender a hablar cristianamente sobre los asuntos que ocupan la vida universitaria (desde violentas protestas estudiantiles hasta debates sobre el papel que juega la propia universidad).

La conexión cristiana con la universidad debe empezar de la misma manera que sucede con la conexión misionera transcultural, es decir, con una investigación paciente y esclarecedora de la cultura cambiante y el *ethos* de la universidad moderna. Debemos analizar sus ideologías y cosmovisiones predominantes, y cómo estas influyen el carácter, los valores, las prioridades y los estilos de vida de estudiantes y docentes (incluyendo los cristianos). Debemos estar siempre atentos a los cambios en sus contextos, manteniendo una plena relación en todo lo que decimos y hacemos.

Analizar la universidad

Educación obligatoria. La formación universitaria, aunque aún sigue siendo la prerrogativa de una pequeña parte de la población (siendo los EE. UU. una notable excepción), ya no es el privilegio de la clase pudiente. Las universidades y demás instituciones de educación superior se han multiplicado por todo el mundo poscolonial. Producto de ello, las universidades estatales han llegado a convertirse en un microcosmos de la sociedad en general, reflejando sus diversidades y tensiones económicas, étnicas y religiosas. Todos los retos que enfrenta una nación se reproducen en la vida universitaria, ya sea la pobreza, el racismo, el sexismo, la violencia o la xenofobia.

En muchas naciones más pobres, el aumento masivo del número de estudiantes no ha sido igualado por el correspondiente incremento en infraestructura, ya sea en residencias estudiantiles, cuerpo académico, implementos de laboratorio, texto de estudio o incluso aulas. La aglomeración es común y en muchas facultades o escuelas, el aprendizaje sigue dependiendo de la memorización de las notas de los profesores. Más y más estudiantes alrededor del mundo viven fuera del campus universitario, donde muchos de ellos trabajan para sostenerse económicamente mientras estudian. Para la gran mayoría de estudiantes, incluyendo aquellos que lo hacen en universidades occidentales, el estudio académico no se cumple por amor al aprendizaje sino como un medio para conseguir un buen empleo, incluso por pura sobrevivencia; y a menudo, se busca como primera opción los trabajos en profesiones bien remuneradas (medicina, ingeniería y leyes). En ciudades tan distantes como Nueva York y Manila, vemos a prestigiosas universidades al lado de otras instituciones educativas que tan solo otorgan títulos. La amplia diferencia en infraestructura, el calibre académico y la posibilidad de encontrar empleo entre las instituciones de educación superior son más distantes que, digamos, cincuenta años atrás.

Además, en muchas partes del mundo, los estudiantes universitarios se ubican a la vanguardia de revoluciones políticas. Mao Zedong dijo aquella frase célebre que «el origen de todo el movimiento revolucionario chino se halla en la labor de jóvenes estudiantes e intelectuales que lograron tomar consciencia de la situación».[10] Los estudiantes han logrado cambiar leyes injustas y derrocar regímenes impopulares alrededor del mundo. Han sacrificado sus vidas por la causa de los derechos humanos y la justicia social en China, Birmania, Corea del Sur, y algunos países de África y América Latina y, más recientemente, en el Medio Oriente. El punto que debemos entender es que los estudiantes en muchas partes del mundo participan de la transformación social *en calidad de estudiantes*, no solo después de graduarse; por lo tanto, la misión en la universidad no puede marginarse de las tensiones y agitaciones de la sociedad más amplia en la cual está inmersa.

La comercialización. Las universidades forman parte de las relaciones de poder de la sociedad contemporánea. No debe

---

10. Citado en Pankaj Mishra, *Desde las ruinas del imperio: La revuelta en contra del Occidente y el rehacer de Asia* (Londres: Penguin, 2012), p. 207.

sorprendernos que, dado que en la actualidad la investigación científica es un gran negocio, las universidades alrededor del mundo se están reinventado a sí mismas como corporaciones, y muchos investigadores científicos disfrutan de un nuevo estatus como emprendedores. Se requiere más fondos para asegurar profesores de élite, construir nuevas instalaciones y financiar becas. Los administradores universitarios sienten que no tienen otra opción: deben alejarse de la educación de estudiantes con el fin de producir ciudadanos críticos y bien informados y en lugar de ello, concentrarse más en producir gente que contribuya al mundo del comercio. Según la naturaleza del caso, los proyectos comerciales tienen el fin de producir dinero. Si no logran generar dinero, se van a la quiebra. Su noción de la verdad es estrictamente como pieza instrumental. El conocimiento es ahora tan solo una mercancía más para vender.

Es habitual que los intereses de la corporación condicionen las prioridades de la investigación científica y tecnológica; y especialmente en el caso de los Estados Unidos, India o Israel, se incluyen los intereses militares. Aparte de las ciencias y la ingeniería, la mayor parte de la vida universitaria la dominan las escuelas de leyes, negocios y política pública. Estas escuelas o facultades entrenan a la gente para que trabaje en corporaciones privadas o para el Estado. Sus docentes y estudiantes han sido profundamente influenciados por los valores e intereses de sus clientes.

La clasificación mundial de las universidades se lleva a cabo según la cantidad de investigaciones publicadas y el número de laureados con el Nobel en su cuerpo docente, no por la calidad de educación que ofrecen, la solidaridad y el bienestar que sus profesores y estudiantes informan, o su éxito en áreas del conocimiento interdisciplinario pertinente al resto de la sociedad. El modelo académico de negocios que sostiene la mayoría de las grandes universidades propicia que sean empresas fantasma transitorias, llenas de investigadores que han sido atraídos por promesas de dinero, fondos y puestos prestigiosos.

El ilustre psicólogo del desarrollo, Jerome Kagan, de la Universidad de Harvard, recientemente afirmó lo siguiente: «el deterioro en el grado de profundidad que los eruditos tienen con sus instituciones, la descarada búsqueda de la fama entre un pequeño número de ellos, y el grado extremo de especialización son tres acontecimientos preocupantes en el mundo académico».[11] Kagan prosigue afirmando: «Parece que hemos retrocedido al siglo quince, cuando no había instituciones académicas y cada erudito deambulaba entre Bolonia, París y Oxford anunciando sus mercancías a clientes dispuestos a pagar por su conocimiento».[12]

La fragmentación. Paradójicamente hablando, la globalización ha promovido la fragmentación de la vida académica. La Internet se desarrolló como una potente herramienta que permitiría a científicos investigadores comunicarse con sus colegas en otras partes del mundo. También ha logrado unir a muchas facultades universitarias en proyectos de investigación común, y algunas universidades han puesto cursos enteros en línea para el acceso del público en general. Para aquellos que valoran la naturaleza pública del conocimiento, estos desarrollos son bienvenidos. Sin embargo, se podría argumentar que las nuevas tecnologías han agravado los efectos de la súper especialización de las disciplinas académicas y la falta de comunicación entre colegas de facultades o departamentos afines en el mismo campus universitario. Los estudiantes que participan en *chat rooms,* ya sea en sus

---

11. Jerome Kagan, *The Three Cultures: Natural Sciences, Social Sciences and the Humanities in the 21st century* (Cambridge University Press, 2009), p. 257.
12. Ibid. p. 258.

computadores o teléfonos móviles, logran estar más en contacto con personas que comparten los mismos intereses al otro lado del planeta que con aquellos en el mismo pasillo de su vivienda universitaria.

Kagan también observó que «el gran número de docentes más jóvenes que compiten por una cátedra se sienten forzados a especializarse en áreas más reducidas de su disciplina y a publicar tantos ensayos como les sea posible durante los cinco o diez años previos a que la institución educativa tome la decisión de otorgarles la cátedra. Desafortunadamente, la mayoría de los datos de estos ensayos no tienen uso práctico o trascendencia teórica; son solo pequeñas piedras que buscan un lugar en la catedral. La mayoría de «datos empíricos» en las ciencias sociales tienen una vida media de alrededor de diez años… Además, la mayoría de los científicos no siente vergüenza alguna por carecer de interés en la filosofía o la historia de su disciplina».

Si bien es cierto que la información y pericia en campos especializados se han multiplicado exponencialmente en el siglo pasado, comprendemos mucho menos de lo que nuestros ancestros comprendieron respecto a la manera en que una parte de la experiencia humana se relaciona con la otra. La falta de una narrativa maestra y coherente, o un punto central de referencia, ha hecho que la educación se convierta en un asunto de impartir porciones de conocimiento especializado a los estudiantes. Sin embargo, con ello no se logra que los estudiantes puedan evaluar la relación entre estas porciones del conocimiento con otras o sopesar su relativa importancia.[13]

---

13. Ibid. p. 260.

Construir puentes

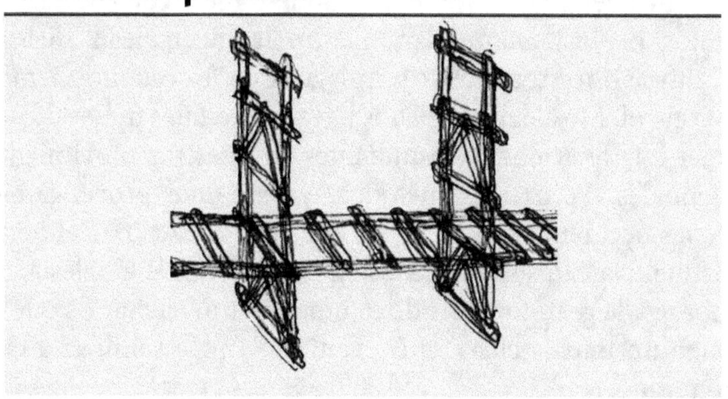

La encarnación del Hijo/la Palabra de Dios en cuerpo humano se refiere a la identificación, la dependencia, la vulnerabilidad y la debilidad. Proclama un Salvador que se acerca a nosotros donde estemos, mira con nuestros ojos, habla con nuestra lengua, viste nuestra ropa, carga con nuestras enfermedades, y sufre con nosotros en señal de solidaridad. Una conexión *encarnacional* con la universidad nos desafiará a volver a meditar más a fondo nuestros modelos convencionales de evangelismo. Ser encarnacional da a entender que formamos parte plena de la vida universitaria (no solamente caer de sorpresa desde el exterior con el propósito de llevar a cabo las supuestas «misiones» en la universidad) y estamos comprometidos con su florecimiento.

Me preocupa profundamente que no estemos tomando este llamado a la universidad con la suficiente seriedad intelectual. Aquello que llamamos «evangelismo» es a menudo un programa especial o actividad que imita lo que sucede en nuestras iglesias locales («estudios bíblicos para los que tienen interés en el evangelio», «películas cristianas», «cursos Alfa», «Explorando el cristianismo», distribución de literatura, etc.). La presuposición dominante entre estudiantes y obreros es que evangelismo consiste en invitar a aquellos que no son cristianos a que vengan a *nuestras* reuniones, que escuchen *nuestros* puntos de vista, aprendan *nuestro* lenguaje, lean *nuestras* Escrituras. En este contexto somos la mayoría y estamos siempre en control. Me alegra que Dios haya usado tales métodos para atraer a la fe a muchos estudiantes en nuestros movimientos nacionales. Pero tales métodos, ya sea que provengan de iglesias occidentales afluentes o que se produzcan localmente, solamente alcanzan a aquellos en la periferia de la iglesia. Sin embargo, la gran mayoría de estudiantes universitarios que no tienen un interés claro en el evangelio jamás vendrán a tales programas.

La universidad es el lugar donde suceden conversaciones de muchas clases distintas, sea en las aulas, los laboratorios, las tutorías, las salas u oficinas de los profesores, las asociaciones de estudiantes u otras agrupaciones o clubes que aparecen en el campus. Ahí es donde los cristianos deberían estar presentes, con humildad, pero con valentía adentrándose en tales conversaciones (las cuales, en su mayoría, ellos no han iniciado) y conduciéndolas a una dirección diferente. Estoy convencido de que es posible empezar con cualquier tema, desde el más absurdo hasta el más sublime, y si planteamos preguntas indagatorias podremos tocar asuntos de fondo que el evangelio aborda: *¿Cuál es la índole del ser humano? ¿En qué consiste la realidad final? ¿Qué es lo que realmente valoramos y por qué? ¿De dónde obtenemos nuestras nociones del bien y el mal, la razón, la belleza o la justicia?* Y así sucesivamente.

Incluso si nuestros esfuerzos no logran «ganar» a otros a un compromiso de fe en Cristo, de todas maneras constituyen un testimonio del propósito de Dios respecto a «reunir» en Cristo todas las actividades del ser humano, ya sea en las ciencias, los negocios, el gobierno o las artes. Lo cierto es que no «llevamos a Cristo» a la universidad; es él quien va delante de nosotros y nos guía a aquel lugar. Aunque no se le reconozca, Cristo está presente allí en el laboratorio de química, en la clase de música, en el centro de radioastronomía, en los debates que se llevan a cabo en las asociaciones universitarias en torno al calentamiento global o las becas para estudiantes, y en todas las demás conversaciones que suceden en el entorno universitario. Hemos sido llamados a discernir su presencia y obra, y explicarla con valentía y sensatez.

Esta forma de ver la misión es siempre *dialógica.* De hecho, el diálogo es la actividad central que caracteriza a toda universidad de buena reputación. De esto se trata la libertad académica: libertad para pensar y difundir incluso los puntos de vista más excéntricos, siempre y cuando uno esté dispuesto a que sus colegas sometan dichos puntos de vista a un riguroso escrutinio y debate. Las instituciones educativas que suprimen aquellas voces marginales o subversivas ya sean religiosas o seculares, renuncian a su derecho a que se les llame universidades. Los cristianos deberían estar a la vanguardia de la promoción de tales diálogos por toda la universidad —dando inicio, así como también uniéndose a conversaciones en curso en torno a todo tema que sea de interés público.

Lo opuesto a un diálogo preciso es un monólogo. Y, tristemente, mucho de lo que se presenta como «evangelismo» en círculos tradicionales es en realidad un monólogo. Ser dialógico es ubicarse en una conversación de doble vía, es decir, permitir que las disciplinas académicas de la universidad se dirijan a nuestra fe y, al mismo tiempo, expresar nuestra fe con inteligencia, humildad, pertinencia y valentía frente a esas disciplinas académicas. En el diálogo, a diferencia del monólogo, asumimos riesgos. Nos exponemos, con todos nuestros puntos débiles, al peso completo del pensamiento «ajeno» o anticristiano, así como también recibimos nuevas verdades que enriquecen nuestro entendimiento de Dios y de su creación.

Cuando empecé a trabajar con estudiantes en Sri Lanka a principios de 1980, recuerdo haberme sentado con estudiantes marxistas en la Universidad de Colombo y prestar atención a todas las preguntas que me lanzaban: ¿Qué dice la Biblia acerca de la revolución? ¿Por qué es un error usar la violencia para derrocar a un régimen despótico? ¿Por qué los cristianos son colonialistas y capitalistas? Yo no había reflexionado en profundidad en torno a estas preguntas durante mis siete años de estudiante cristiano activo en la Universidad de Londres. Desde aquel entonces, he buscado constantemente prestar atención a aquellos no creyentes pensantes (sean ateos, humanistas, budistas, musulmanes u otros), por medio de sus escritos, así como en encuentros personales y diálogos públicos. También he cultivado incansablemente amistades con cristianos de toda persuasión y tradición teológica. Me he encontrado a mí mismo desafiado, siendo más humilde y he logrado profundizar mi entendimiento de la Escritura y mi seguimiento a Cristo por medio de tales experiencias. Me he tenido que arrepentir de prejuicios, estereotipos e ingenuidad.

Cada vez que el evangelio cruza una nueva frontera, surgen nuevas preguntas y la iglesia se ve forzada a repensar el evangelio que proclama y la naturaleza de su obediencia en el mundo. Vemos esto en las cartas de Pablo, las mismas que fueron escritas en respuesta a una nueva situación misionera.[14] Por ejemplo, los cristianos corintios (1Co 8) le preguntaron asuntos tales como: «Cuando nuestros amigos paganos nos invitan a sus casas y nos sirven carne que ha sido ofrecida en los templos, ¿estamos cometiendo idolatría por participar de esto?» Esta es una pregunta que Pablo nunca tuvo que encarar sino hasta ese momento, porque los judíos como él

---

14. Andrew F. Walls, «Introduction», *The Missionary Movement in Christian History: Studies in the Transmission of Faith* (New York: Orbis Books, Edinburgh: T&T Clark, 1996).

sencillamente no entraban a casas paganas. Se trata de teología hecha en a la vanguardia de la conexión misionera con el mundo, y así la iglesia crece en su entendimiento de Cristo.

De la misma manera, cuando el evangelio se traduce a las distintas disciplinas académicas de la universidad, sea arquitectura, robótica, cosmología o composición musical, surgen nuevas preguntas que debemos abordar. Si lo hacemos con integridad, se manifestará más el esplendor de Cristo a la iglesia.

Permítanme hablarles desde mi experiencia personal. Cada vez que se me invita a ofrecer charlas públicas en universidades seculares respecto a temas que son tradicionalmente considerados «religiosos» (p. ej., el problema del sufrimiento, Dios y la ciencia, el pluralismo religioso), lo que más disfruto es el diálogo público ante una audiencia mixta con pensadores no cristianos en torno a asuntos de interés mutuo (p. ej., los derechos humanos, el calentamiento global, la «guerra contra el terrorismo»). El valor de tales conversaciones es múltiple: atrae a una gran audiencia; disipa los estereotipos y prejuicios que tenemos el uno por el otro; muestra a los no cristianos que los cristianos tienen algo inteligente, pertinente y que merece ser dicho respecto a un tema en particular; muestra a los estudiantes cristianos la manera en que deben argumentar, con humildad y respeto por el otro; y puede dar a conocer cuáles son los asuntos genuinamente importantes para una futura conversación, en contraste con lo que cada parte piensa que son los temas genuinos.

Una voz y sensibilidad cristianas

La mejor manera de conceptualizar las distintas disciplinas académicas de la universidad es verlas como prácticas sociales perdurables en las que se inicia a los estudiantes y en las que algunos de ellos quizá contribuyan si logran permanecer el tiempo suficiente para llevar a cabo trabajos de investigación. Los cristianos reciben estas disciplinas académicas como dones de parte de Dios a la humanidad, como expresiones de la gracia común. «Si admitimos que el Espíritu de Dios es como la fuente única de verdad», escribió Juan Calvino en su Institución, «no menospreciaremos la verdad aparezca donde aparezca; de lo contrario, estaríamos insultando al Espíritu de Dios».[15]

Si Jesucristo es de veras el Señor de la universidad, entonces los estudiantes y profesores cristianos deben comprometerse a desarrollar una formación y sensibilidad cristianas, metiéndose de lleno en la tradición bíblica cristiana, así como también familiarizándose con la historia del pensamiento cristiano que influye en sus disciplinas particulares.

---

15. Juan Calvino, *Institución de la religión cristiana* (Grand Rapids: Libros Desafío, 2012), 2.2.15.

Los estudiantes de pregrado pueden a veces ayudar a que los docentes cristianos logren refinar sus habilidades, invitándolos a que compartan sus experiencias respecto a cómo marca diferencia su cristianismo en la manera que enseñan o realizan trabajos de investigación. Durante mis años de estudiante, recuerdo a un profesor de física, que era muy respetado en su campo. Pertenecía a una iglesia exclusivista y solía publicar tratados y panfletos que atacaban la evolución, y defendían la teoría del sentido literal de los seis días de la creación (conocido como «creacionismo»). Quería que usemos sus escritos en la evangelización. Nos negamos a ello. ¡Tuvimos que mostrarle la manera en que *no* se debe leer la Biblia! Lo cierto es que era analfabeto en teología y al mismo tiempo genio en física. Esta clase de profesores son, con frecuencia, una vergüenza en la universidad para la gran comunidad cristiana.

A veces es necesario que una voz cristiana en los trabajos de investigación de las ciencias sociales aborde las grandes interrogantes con la ayuda de su propia disciplina académica, en vez de distraerse en aquellas que atraen los angostos intereses gubernamentales o del comercio. Muy a menudo ello implica cuestionar conceptos que se dan por sentado acerca de la naturaleza y el desarrollo humano, y permitir que otras voces sean escuchadas. ¿Acaso no es cierto que los docentes cristianos en las ciencias sociales y las humanidades deberían fomentar múltiples perspectivas en sus respectivas áreas, cuestionar las suposiciones tácitas detrás de los paradigmas imperantes, y alentar a sus estudiantes a que interpreten sus disciplinas de una manera histórica e intercultural?

Por ejemplo, la mayoría de los libros de texto sobre economía siguen afirmando, como si fuera una verdad empírica fundamental en vez de una suposición no demostrada, que los consumidores toman decisiones económicas racionales, sin ninguna influencia de parte de la conducta o la posición económica de los demás, que puede expresarse en modelos matemáticos adecuados. Además, se logra reducir a la racionalidad en egoísmo, y se da por sentado que somos los más capacitados para determinar lo que más nos conviene. Sin embargo, se descarta la influencia de las políticas públicas, las creencias religiosas, las normas culturales, incluso la publicidad en la televisión cuando moldean y restringen las opciones que tiene la persona. El resultado de ello es una teoría cada vez más abstracta, que está desfasada de las realidades económicas sobre el terreno. Una vez que se reconozca que las personas no están conscientes de algunas de las fuerzas que influyen sus decisiones, ya no se podrá seguir argumentado que estas lograrán aprovechar al máximo su bienestar.

Además, los libros comunes de texto sobre economía no ayudan a que los estudiantes reflexionen en torno a las llamadas «meta-externalidades» —aquellas consecuencias involuntarias de los resultados económicos que impactan los valores y las actividades sociales, políticas y culturales. Por ejemplo, ¿de qué manera afectan los juegos de apuesta y la especulación monetaria a la ética laboral y la estructura moral de una sociedad? Se acostumbra a citar en libros de texto introductorios el ejemplo de la fábrica de alfileres de Adam Smith, con el fin de ilustrar las ganancias que se acumulan por la división del trabajo. Los estudiantes rara vez verifican el escrito original de Smith. En este, más adelante, Smith se lamenta del impacto que tal división ejerce sobre la ciudadanía: «En el desarrollo de la división de labores, el empleo de… una gran cantidad de gente se reduce a unas pocas operaciones sencillas, a menudo una o dos. Pero, la capacidad de entendimiento de la gran mayoría de estos hombres se ve inevitablemente moldeada por sus trabajos de todos los días. Aquel hombre cuya vida entera se la pasa realizando unas cuantas operaciones sencillas… carece de la oportunidad para ejercer su capacidad de entendimiento… Por lo tanto, es obvio que pierde dicha capacidad, y por lo general se torna estúpido e ignorante al máximo nivel posible para una criatura humana… La destreza que ha logrado en este oficio en particular parece que ha ocurrido en detrimento de sus virtudes intelectuales, sociales y militares».[16]

De esta manera, un estudiante o docente cristiano de economía buscará reubicar su disciplina dentro del contexto de un entendimiento cristiano más amplio respecto a todo lo que conduce al *shalom* humano. Ello implicaría, al menos, lo siguiente:

- Una antropología más profunda, que resalte el carácter complejo de las motivaciones humanas y el papel que juega la razón en las relaciones históricas y sociales;
- Un compromiso encarnacional para dar solución a los problemas desde «la base hacia arriba» en vez de «la cabeza hacia abajo» («una sola talla»);
- Una sensibilidad ecológica que ubique los intercambios económicos dentro de los parámetros del flujo de energía de la tierra;
- Una preocupación por la justicia social, en particular por los derechos de los pobres, para incluirla en la esencia de la disciplina (p. ej., examinar la distribución de gastos y beneficios, en vez de quedar satisfechos solamente con índices agregados);
- Una exploración del papel que juegan el capital espiritual y religioso en la producción de resultados económicos.

A menudo una voz cristiana conlleva que se cuestione la narrativa estándar que se enseña en las clases de pregrado en torno al desarrollo histórico de la universidad y sus distintas disciplinas. Por ejemplo, el relato liberal habitual respecto al

---

16. Adam Smith, *An Inquiry into the Nature and Causes of the Wealth of the Nations* (1776; New York: Random House, 1965), pp. 734-735.

desarrollo del discurso en torno a los derechos humanos es que surgió de la ruptura intelectual con la autoridad de la iglesia y la afirmación que la Ilustración europea del siglo dieciocho propuso respecto a la autonomía humana. Dicha narrativa, que habitualmente se afirma en libros de texto sobre teoría jurídica y política, ha sido contendida por eruditos tales como Brian Tierney y un grupo de talentosos historiadores jurídicos y filósofos del Centro de Estudios Jurídicos y de Religión de la Universidad Emory (CSLR por sus siglas en inglés). En una serie de volúmenes publicados por Cambridge University Press, han logrado demostrar que la noción innata de los derechos humanos fue concebida explícitamente por los especialistas en Derecho canónico del siglo doce; y que el reconocimiento de tales derechos, aunque no su conceptualización, ya estaba presente en la Biblia y entre los padres de la iglesia. John Witte, Jr., director del CSLR, también nos ha recordado la enorme contribución que los reformadores calvinistas y sus sucesores (en Inglaterra y los Países Bajos) hicieron a las ideas del gobierno constitucional, la libertad religiosa, la libertad de expresión y la separación de poderes, cuya presencia se da por hecha en la mayoría de las democracias liberales.

Otras creencias académicas populares que gozan de estatus de ortodoxia, y que también es necesario subvertirlas, son los relatos tradicionales de la «Ilustración» como un sistema de pensamiento monolítico y antirreligioso; el surgimiento de la ciencia moderna de entre las fauces de una feroz oposición de la iglesia (Galileo y Darwin siguen siendo héroes); el uso selectivo que Max Weber realiza de escritos puritanos con el fin de argumentar a favor de «las afinidades electivas» entre el incipiente capitalismo y el protestantismo; el movimiento misionero europeo, como meramente un compañero ideológico de la expansión colonial e imperial; y las iglesias cristianas de África y Asia, como trasplantes foráneos de iglesias occidentales y sus agentes.

Los que conocen de teología histórica y estudios sobre la misión saben que, en décadas recientes, ha surgido abundante literatura cristiana que cuestiona todas aquellas mitologías. Pero, lo que quiero señalar es que prácticamente no trascienden más allá del cerrado círculo de teólogos e historiadores de la misión. Los teólogos de profesión tienden a comunicarse entre ellos y a publicar ensayos que solo entre ellos leen.

Ahí yace el desafío de entablar conversaciones más allá de los límites artificiales fijados por la universidad. Necesitamos profesores universitarios que puedan desplazarse libremente entre fronteras, integrando disciplinas y prácticas que los guardias secularistas controlan rígidamente. Aquellos que no puedan hacerlo por sí mismos, pueden organizar seminarios abiertos donde se pueda abordar algún tema (p. ej., los alimentos) desde perspectivas disciplinarias distintas. También necesitamos profesores universitarios cristianos que puedan escribir libros de texto introductorios para sus respectivas áreas de estudio, y además que realicen investigaciones con sensibilidad a las necesidades humanas, y pertinente a los males sociales, así como también que pongan al corriente prácticas sociales cristianas más fieles.

Sin embargo, cuando se trata de hablar con una voz cristiana, me refiero a saber *cómo* hablar, así como también de *qué* hablar. A veces los estudiantes cristianos creen que si se citan versículos clave de la Biblia en una discusión en el aula, esto constituye todo lo concerniente al testimonio cristiano. El producto de ello tan solo produce vergüenza y endurece los corazones de los demás hacia los cristianos. Las virtudes indispensables para la vida académica son el amor, el respeto al prójimo, y usar un modo de comunicación que sea adecuado para la situación presente. En una ocasión, la novelista Madeleine L'Engle le dijo a una estudiante que quería ser «escritora cristiana», que «si ella es genuina y profundamente cristiana, el contenido de lo que escriba va a ser cristiano, ya sea que mencione a Jesús o no. Y si ella no es cristiana, en el más profundo de los sentidos, entonces lo que escriba no va a ser cristiano, no importa cuantas veces ella invoque el nombre del Señor».[17]

Ser cristiano «en el más profundo de los sentidos» es, con seguridad, el reto que necesitamos presentar a nuestros estudiantes, obreros y docentes universitarios.

Las universidades no sólo posibilitan la creatividad y fomentan el deseo de aprender; también promueven el retraimiento y la compartimentación; una arrogante ambición, el sentimiento de superioridad, el esnobismo, las envidias insignificantes y las amargas rivalidades. Jesucristo juzga al profesor universitario sobre la base de estas tentaciones mucho más que por la excelencia de sus logros académicos. Esto significa que debemos poner atención a lo que sucede en nuestras almas o nuestro carácter al momento mismo cuando la cultura de la universidad nos moldea, y por esta razón necesitamos a menudo la ayuda de los que están fuera de la universidad, en particular las iglesias, para que nos dirijan la palabra con honestidad.

Ross McKenzie, profesor australiano de física, realiza un esfuerzo adicional a sus tareas cotidianas con el fin de llevar a cabo talleres prácticos para estudiantes investigadores en su universidad. Estos talleres tienen el objetivo de ayudar a los participantes a reflexionar en la manera en que van a encarar los desafíos en su investigación, lo cual incluye cómo trabajar efectivamente con su supervisor, establecer metas de investigación, exponer presentaciones, escribir una tesis, publicarla, gestión del tiempo, vivir una vida equilibrada, y proteger la salud mental.[18]

---

17. Madeleine L'Engle, *Walking on Water: Reflections on Faith and Art* (Wheaton, Ill: Harold Shaw Publishers, 1980), pp. 121-122.
18. El material presentado está disponible en inglés en http://revelation4-11. blogspot.com/2013/03/workshop-for-postgraduate-students.html.

Comentarios finales

Una fiel conexión cristiana con la universidad implicaría:

1. Formar comunidades cristianas dispuestas a aprender y testificar, compuestas de estudiantes, investigadores, docentes y administrativos que, con valor y por medio del diálogo, se conectan con las distintas disciplinas académicas y con las conversaciones que constituyen la vida universitaria (esto conlleva superar jerarquías y no repetir en las universidades lo que sucede en las iglesias locales).
2. Influenciar a las universidades con el fin de que lleguen a ser instituciones más humanas y justas. Esto conllevaría que propiciemos el florecimiento moral, intelectual y espiritual del prójimo y también de grupos y sistemas.

Si bien considero que una apologética bien pensada es indispensable, ciertamente esta no agota —y no debería agotar— lo que he querido decir con conectarse cristianamente con la universidad. La apologética sirve para un llamado más amplio de parte de Dios, para descubrir y exaltar sus obras tal como se nos revelan por medio de la ciencia y la historia, las leyes y las artes.

En conclusión, dejo a los líderes estudiantiles, asesores de los movimientos nacionales y docentes universitarios algunas preguntas para su consideración:

1. ¿Fomentamos en nuestros movimientos estudiantiles la labor de artistas, músicos, novelistas y cineastas que no solo produzcan «música de alabanza» o «películas cristianas», sino que exploren por medio de su arte lo maravilloso y lo trágico de la condición humana?
2. ¿Alentamos a los estudiantes para que logren ser buenos eruditos, no para el prestigio personal sino para servir al reino de Dios?

3. ¿Cómo entienden el papel que juegan los obreros de nuestros movimientos? ¿Se identifican con lo que se ha sido afirmado en este ensayo? Si no, ¿qué se necesita cambiar?

4. ¿Se debería elegir a alguien para que se dedique a investigar la vida estudiantil y la cultura cambiante de la universidad, recolectando información de libros, páginas web y profesores locales que sirvan de ayuda a estudiantes y obreros a conectarse con mayor pertinencia con el mundo universitario?

5. ¿Podríamos identificar y usar los talentos de gente cristiana en la universidad y de la iglesia en general, que puedan participar en diálogos públicos en la universidad sobre temas de interés común?

Conectar con la universidad y con la realidad social:
La experiencia de *Borderlands*

Alejandra Ortiz[19]

«Cruzamos la frontera a pie, íbamos de regreso a los EE. UU., luego de varios días en Tijuana. Para los estudiantes de InterVarsity, era la primera vez que habían convivido de manera tan cercana con familias mexicanas. Muchos prejuicios fueron destruidos. Los estudiantes de Compa estaban felices de compartir su ciudad, sus comidas, los lugares significativos y también los dolores e injusticias. Antes de dirigirnos a "la línea",[20] cantamos cantos tradicionales de IFES en América Latina y nos despedimos de la mitad de los estudiantes de Compa, ya que no tenían visa para cruzar. Cuando llegamos a la garita, lo primero que sorprendió fue la cantidad de vendedores ambulantes, los churros,

---

19 Alejandra Ortiz es co-coordinadora de la Iniciativa Logos y Cosmos en América Latina. Sirve como miembro del equipo de Conectar con la Universidad en IFES América Latina y como obrera de Compa a medio tiempo en el área de la formación.

20. «La línea» es el nombre común en Tijuana para la garita de cruce a San Diego.

las tortitas y los tacos. Pero después, hubo silencio y cuestionamientos internos. ¿Por qué hay tanta revisión? ¿Qué hace que las personas se pongan nerviosas ante un agente migratorio de los EE. UU.? ¿Por qué nosotros (de EE. UU.) entramos libremente a México, y ustedes deben pasar por esto? ¿Por qué es tanta la espera? Para los estudiantes mexicanos, esto era lo normal… pero la experiencia de *Borderlands*, nos obligaba a nuevas perspectivas, preguntas y lamentos».

El proyecto de *Borderlands*[21] se dio por primera vez en el verano de 2012. Unos meses antes, un obrero de InterVarsity de los Estados Unidos me contactó para realizar un proyecto de aprendizaje juntos. La idea era exponer a estudiantes y obreros de Compa e InterVarsity a la realidad de la frontera Tijuana-San Diego y al tema de la migración. Yo, como obrera de Compa, organicé la experiencia en Tijuana y los de InterVarsity se encargarían de las actividades en San Diego. Planeamos estudios bíblicos que nos ayudaron a reflexionar las Escrituras a la luz de las experiencias de esa semana. También tuvimos voces expertas, de teólogos e investigadores sociales que proveyeron recursos para reflexionar el tema de la migración desde una perspectiva teológica e histórica, y otros enseñaron sobre los derechos de los migrantes y refugiados en ambos países.

En principio, se puede cuestionar cómo un proyecto de verano puede servir a la misión universitaria, pero al comprender mejor la naturaleza de la universidad y de la misión a la que hemos sido llamados, vemos los beneficios de una experiencia así. La universidad, como bien común que se dedica a la formación de individuos para servir a la comunidad y el país por medio del conocimiento y experiencia adquirida,

---

21. Nota del editor: *Borderlands* (en plural) significa «tierras fronterizas».

requiere de espacios donde los estudiantes entren en contacto con las realidades sociales. En México, como en otros países de América Latina, los universitarios antes de graduarse necesitan cumplir horas de servicio social a la comunidad y en su profesión. Estos espacios son clave para vincular a los estudiantes con realidades sociales y, en especial, con la situación de grupos vulnerables. Conectar con la universidad y con la realidad social, en nuestro continente, tiene que suceder dentro y fuera de las aulas universitarias.

Uno de los principales desafíos en América Latina y en la obra estudiantil es ayudar a los estudiantes y obreros a que vean su profesión como un recurso y herramienta para servir a los demás. Los estudiantes cristianos y no cristianos tienen como principal motivación asistir a la universidad para escalar socialmente. El discipulado y una amplia comprensión de la misión necesitan desafiar esta perspectiva respecto a la universidad como una herramienta de ascenso social y la profesión como un elemento principal de identidad. La misión a la que hemos sido llamados incluye predicar a Cristo y la reconciliación de todas las cosas por medio de la cruz. No existe nada fuera del señorío de Jesús ni fuera del alcance de la misión de Dios. Por ello, dedicarse a la investigación en la universidad y buscar las verdades de la creación puede ser misión. Contender por el bienestar de nuestros pueblos desde los movimientos sociales o la política, es parte de la misión, así como cuidar y cultivar la creación. La misión a la que hemos sido llamados nos desafía a no solo anunciar el evangelio, sino a una vivencia integral de las buenas nuevas. La universidad no es solo «un lugar de paso», sino un espacio para asumir como lugar de misión, desde la humildad y la escucha atenta, y desear que sea un lugar de conocimiento para el florecimiento de toda la creación. Para asumir la integralidad de la misión, necesitamos una buena comprensión del evangelio, así como de la universidad y el área académica en la que estamos inmersos.

En la formación de los universitarios como discípulos de Jesús, buscamos que los estudiantes profundicen su fe y su comprensión del contexto de misión. Conectar con la universidad no es un apéndice de la misión estudiantil, sino el esfuerzo por vivir el evangelio en todas sus dimensiones en la universidad. Pero no se limita al campus, pues este llamado se conecta también con las realidades sociales del contexto. Vinoth Ramachandra nos lo dice en el artículo anterior: «El punto que debemos entender es que los estudiantes en muchas partes del mundo participan de la transformación social *en calidad de estudiantes*, no solo después de graduarse; por lo tanto, la misión en la universidad no puede marginarse de las tensiones y agitaciones de la sociedad más amplia en la cual está inmersa». En este sentido, Conectar con la universidad significa exponernos a las realidades sociales, para no caer en las polarizaciones comunes que dividen, sino ser agentes de reconciliación en medio de temas y situaciones que causan segmentación y estragos, evitando que muchos vean las buenas noticias de Jesús para nuestro mundo, universidad y realidad social.

Borderlands: Un experimento donde convergen lo social, la universidad, la teología y la fe

Llamo a *Borderlands* un experimento, porque eso fue para los organizadores en 2012. Años después, con otros grupos de obreros y estudiantes, seguimos experimentando nuevas maneras de aprendizaje vivencial y de formación integral. Ha sido uno de los «experimentos» *más formativos para mi propio discipulado, por la oportunidad única de comprender mejor mi ciudad, profundizar en las Escrituras y las dimensiones sociales y políticas de la fe. Me ayudó también a pensar en la formación de los estudiantes a quienes servimos. Los proyectos siempre se dieron con estudiantes de al menos dos culturas distintas, mexicanos y estadounidenses en su mayoría, pero hubo canadienses y guatemaltecos en varias ocasiones.* Esta riqueza cultural permitió comparar realidades universitarias y prácticas de la misión.

En el caso de Compa, algunos obreros con formación de historiadores prepararon clases sobre la frontera de México-Estados Unidos y sus dimensiones políticas, sociales, geográficas e históricas. Los líderes estudiantiles de Compa dirigieron estudios bíblicos y los espacios de alabanza y lamentación, así como las caminatas de oración por la universidad. En todas las ocasiones, establecimos acuerdos con iglesias locales que hospedaron y alimentaron a los estudiantes. En algunos casos, los pastores de comunidades locales en Tijuana fueron clave para enseñar cómo la iglesia se puede involucrar en responder a las necesidades sociales de los grupos más vulnerables.

El propósito de *Borderlands* nunca fue hacer algo, es decir, la intención no fue construir una casa o cumplir alguna labor social, sino ser un proyecto de aprendizaje y formación. La finalidad era exponernos a realidades específicas, aprender de lo que Dios ya estaba haciendo en la ciudad y en relación con los migrantes, reflexionar acerca de la fe y reconocer nuestra parte como estudiantes o profesionistas cristianos. En este sentido, el modelo de misión partía de la humildad y de saber escuchar y comprender el contexto. Un tema que podría ser controversial o polarizado se experimentaba de primera mano y se reflexionaba a la luz de las Escrituras y las experiencias de diversas personas, con pluralidad de perspectivas y nacionalidades. Para muchos estudiantes de los Estados Unidos, el tema de la migración estaba marcado de tintes políticos y era muy difícil hablar de ello, pero al conocer a las personas que migran, las historias de vida, las iglesias locales que acogen y los testimonios de los estudiantes de Compa con sus propias historias de migración, la perspectiva empezó a cambiar.

Uno de los valores principales durante *Borderlands*, aparte de saber escuchar, era aprender a dialogar. En el estudio bíblico se propiciaba el diálogo desde la fe, conectarse con asuntos sociales, como las fronteras, la migración, el tráfico de personas y la violencia. Al escuchar a expertos hablar sobre distintos temas, la idea era también alentar a que se hagan buenas preguntas y dialogar sobre diferentes perspectivas teológicas. En este sentido, se capacitaba a los estudiantes con información veraz, pero también se les invitaba a reflexionar sobre las implicaciones políticas, sociales y económicas de su fe. Esta práctica es clave para la misión universitaria dentro de las aulas, pero muchas veces los estudiantes carecen de recursos, tanto de información confiable o de primera mano, así como de reflexión teológica, por tanto, no se atreven a dialogar con profesores o estudiantes sobre temas importantes. En *Borderlands*, buscamos alentar a los estudiantes a que piensen lo aprendido también desde su propia formación universitaria. Algunos estudiantes, a partir de la experiencia, hicieron su servicio social vinculado a organizaciones que visitamos, realizaron trabajos de investigación sobre temas afines, cuestionaron sus motivaciones y prospectos de trabajo e incluso tomaron importantes decisiones vocacionales, redirigiendo sus búsquedas para servir intencionadamente por medio de sus profesiones.

La experiencia de Compa en estos proyectos, para obreros y estudiantes

En el caso particular de *Borderlands*, el nombre del proyecto expresa el lugar donde se lleva a cabo, en tierras fronterizas, con realidades muy particulares. En Compa, se tenía experiencia con algunos proyectos de servicio en otros espacios, como comunidades urbanas y rurales marginadas. Estos proyectos se realizaron en conjunto con organizaciones como Amextra y Armonía,[22] regularmente durante los veranos. *Borderlands* era diferente, en el sentido que mantuvo un currículum más vinculado con la ciudad y la realidad de un contexto social específico, confrontando perspectivas distintas en torno a temas controversiales y proveyendo una mirada interdisciplinaria. *Borderlands* también mantuvo un claro enfoque de formación para la misión estudiantil, al exponer a estudiantes a diferentes culturas y perspectivas, provisto por los participantes. Se buscó que los estudiantes compartieran sus experiencias en la misión universitaria, que en muchas ocasiones tocaba los temas vistos en la ciudad, como la migración, el desplazamiento por la violencia, así como la difícil tarea de explorar y dialogar temas controversiales.

Para los obreros de Compa, *Borderlands* pasó a ser una escuela de vinculación con la profesión y de desafío de conexión con el propio contexto. En 2019 se organizó un tipo de *Borderlands*, exclusivamente para obreros de Compa e InterVarsity de ee. uu. El formato fue más de un peregrinaje o recorrido por lugares y personas que sirven a su ciudad (Tijuana o San Diego) con una comprensión desde la misión integral, en temas tan diversos como la migración, el tráfico de personas, el cuidado de la creación y el activismo político y social. Los obreros de ambos países compartieron sus historias de ministerio, reflexionaron sobre lo que estaban viviendo durante el proyecto y los desafíos en la formación estudiantil. Los espacios de enseñanza fueron guiados por obreros con más experiencia u otros cristianos que han invertido sus vidas en diferentes espacios de misión. Después de este proyecto con obreros, quedó muy claro el valor de proveer experiencias

---

22. Ambas organizaciones nacidas de Compa en la década de los setenta y ochenta, formadas por profesionistas que siguieron el llamado de usar sus profesiones al servicio de los más vulnerables en el centro y sur de México.

para los estudiantes en donde sean expuestos a realidades concretas y desafiados a pensar la fe y la profesión desde ese espacio.

Otro tema, que ha parecido tangencial, aunque los organizadores lo hemos procurado, ha sido el desarrollo de amistades. Desde el primer *Borderlands* en 2012, cuando responder al desafío social y político de la frontera parecía imposible, se enfatizó responder al llamado particular de Dios y a caminar en comunidad. Esta formación de comunidades culturalmente diversas requiere tener la intención de entablar amistades, superando fronteras raciales, económicas y nacionales. Las amistades formadas desde aquel primer *Borderlands* hicieron posible una continuidad de proyectos a lo largo de varios veranos y otros recesos escolares, en los que se desafiaba el modelo de misión de corto plazo. *Borderlands* ha sido una especie de «viaje misionero» de corto plazo, en donde el énfasis es el aprendizaje de la misión en un contexto específico y con personas provenientes de otro país. Un espacio donde se enfatiza la amistad, la escucha atenta, el diálogo, la disposición de aprender y la reflexión de las Escrituras desde la periferia y no desde la comodidad de un escritorio. *Borderlands* enfatiza el modelo de misión universitaria que buscamos, para ayudar a los estudiantes a conectar con su universidad.

Los proyectos de inmersión como recursos para la formación

Como he escrito, aun cuando *Borderlands* sucede fuera de la universidad, es un espacio pensado para que estudiantes universitarios exploren su fe y su vocación, en relación con el lugar donde habitan y los desafíos sociales presentes. Debido a que el evento se lleva a cabo en la frontera de Tijuana-San Diego, se exploran diferentes temas, como la historia y las injusticias en las relaciones entre México y los Estados Unidos, el tema de la migración, las leyes, la política, pero también cuestiones como el medioambiente y la economía. Hablar de todas estas cosas expone a los estudiantes a pensar la misión de manera más integral y ver de primera mano a Dios obrando en una ciudad, así como lo hace en la universidad.

Borderlands permite una mirada hacia afuera de la universidad, con la espera de que los universitarios logren conectar su fe con el mundo y la universidad. Como dice Vinoth Ramachandra: «Mi experiencia pastoral me ha enseñado que si se expone a los estudiantes a un evangelio que ha sido reducido a un mensaje individualista respecto a la salvación [...] será muy difícil hacer que se den cuenta que sus estudios académicos, compromisos sociales, actitudes políticas o conducta económica tienen algo que ver con el evangelio».[23] En muchos sentidos, por medio de esta experiencia de inmersión y aprendizaje con una base ética,[24] los estudiantes no solo aprenden sobre temas de frontera, sino corrigen y amplían su comprensión del evangelio y la misión de manera integral. La realidad respecto a que muchas universidades ya no promueven el pensamiento crítico y el conocimiento «universal», dejó claro que la experiencia de *Borderlands* exponía a los estudiantes a modelos de diálogo y cuestionamiento de los discursos hegemónicos.

Un componente de este tipo de proyectos, según nuestra experiencia, debe vincularse a la espiritualidad. Es decir, el discipulado integral no solo incluye las dimensiones sociales, políticas y económicas, sino también la espiritualidad que abarca toda la vida. En *Borderlands*, la oración, la celebración y el lamento fueron ingredientes clave. En especial, el

---

23. Vease *Cristo y la universidad*, p. 32-33.
24. Existen múltiples viajes misioneros a corto plazo que hacen turismo religioso irresponsable.

lamento pasó de ser algo que leemos en los Salmos, a ser la mejor manera de orar a Dios, en medio de todo lo que se veía, escuchaba y experimentaba. El lamento es orar con la confianza de que Dios es bueno, aunque el mundo esté lleno de maldad e injusticia. No es solo queja, aunque la incluye, también implica la compasión y la empatía con el sufrimiento de los demás. El lamento reconoce que Dios es justo y nos invita a actuar con justicia y sirve de antídoto contra la desesperanza y el cinismo, en un mundo donde parece que los malos triunfan. Una espiritualidad que incorpora el lamento se resiste a conformarse con el mundo y va conformándose más al corazón de Dios.

La propuesta de este artículo no es que los movimientos estudiantiles repliquen *Borderlands*, sino proveer ejemplos que activen la imaginación. Finalizo con algunas preguntas para seguir reflexionando: ¿Cómo podemos ayudar en la formación de estudiantes cristianos que conectan su fe con la universidad, con el mundo y con su profesión? ¿Qué espacios de aprendizaje y discipulado, guiados por el Espíritu, pueden ayudar a los estudiantes a que se den cuenta de que la misión de Dios toca toda área del universo y necesidad de la vida humana? ¿Cómo formamos estudiantes conscientes de su contexto social y de su responsabilidad como cristianos universitarios? ¿De qué manera modelamos el diálogo en espacios de polarización? ¿Cómo ayudamos a los estudiantes a expresar su fe de manera que responda a desafíos específicos y les mostramos ejemplos de profesores universitarios y expertos que ya lo están haciendo? Pueden ser estas y muchas preguntas más las que podemos hacernos para pensar los desafíos de la misión estudiantil en nuestros contextos.

Profesores universitarios y cristianos: Consideraciones en torno a la integración de dos mundos

Gustavo Sobarzo Aguayo[25]

Conectar con la universidad plantea a los movimientos afiliados a IFES un desafío muy especial, el cual debemos atender. Este consiste en ampliar el foco de nuestros esfuerzos de alcance, desde uno que estaba exclusivamente centrado en los estudiantes de pregrado, a otro que incorpora también en la ecuación a profesores universitarios,[26] investigadores, funcionarios y estudiantes de posgrado.

En el capítulo inicial de este libro leímos que el profesor Terrence Halliday mencionó la importancia de ello, al entender

---

25. Gustavo Sobarzo Aguayo sirvió como Secretario General del Grupo Bíblico Universitario de Chile (GBUCh). De formación médico veterinario, magister en ciencias biológicas, mención microbiología y profesor de microbiología veterinaria, enseña actualmente en la Universidad Nacional Andrés Bello (Chile).

26. En la universidad una misma persona puede cumplir diversos roles al mismo tiempo, tanto administrativos, de docencia y formación o de investigación. Por ese motivo, salvo que se señale lo contrario, en este ensayo se usará el término «profesor universitario» para abarcar a todos los funcionarios que cumplen tareas de investigación y docencia.

la misión como una mesa de cuatro patas; explicando que, en todos ellos, y especialmente en el modelo dialógico, los profesores universitarios juegan un papel importante como punto de inflexión en el diálogo que esperamos mantener en los campus universitarios. En este breve escrito, quisiera presentar algunas consideraciones para caminar en este sentido, a través de observaciones hechas a lo largo del tiempo, desde mi perspectiva de secretario general del movimiento de IFES en Chile y a la vez de profesor universitario, así como también a partir de entrevistas y conversaciones sostenidas con otros docentes creyentes.

América Latina

El informe *Diagnóstico de la educación superior en Iberoamérica 2019*[27] da cuenta de un crecimiento sostenido de los estudiantes y profesores universitarios, llegando a casi veintiocho millones de estudiantes (casi dos millones de ellos, de posgrado) y un millón y medio de profesores universitarios. En años recientes hemos visto con alegría el crecimiento y consolidación de grupos estudiantiles en campus de los veinte países que conforman la región. Probablemente, siguiendo la tendencia general de aumento en la población universitaria, el número de estudiantes cristianos que accede a la educación superior es más alto que nunca antes visto; y consecuentemente un número, aún no estimado de ellos, ha optado por continuar su formación académica y seguir vinculado a las universidades como profesores y estudiantes de posgrado.

---

27. Jorge Sáinz González y Rafael Barberá de la Torre, *Diagnóstico de la educación superior en Iberoamérica 2019*, (España: Organización de Estados Iberoamericanos para la Educación, la Ciencia y la Cultura, 2019). *https://oei.int/oficinas/secretaria-general/publicaciones/diagnostico-de-la-educacion-superior-en-iberoamerica-2019*.

Aún así, la realidad de los movimientos estudiantiles vinculados a ifes en cada país es muy dispar, siendo un grupo importante de ellos aún movimientos pioneros, con un número reducido de participantes, o que están recién en la etapa de consolidar un equipo de obreros o junta directiva. Por este motivo, en términos generales, el trabajo sistemático que involucra a los profesores universitarios y estudiantes de posgrado en nuestra región está circunscrito a iniciativas que se concentran en tres o cuatro países, cuya realidad e institucionalidad les ha permitido dar este paso «más allá» en la ruta de conectar con la universidad.

En síntesis, podríamos decir que, salvo excepciones, el grueso de los profesores universitarios cristianos de las universidades de América Latina está poco conectado, si no es que completamente desconectado de los esfuerzos misioneros que los movimientos de ifes estamos desarrollando en los campus.

Si logramos tener consenso respecto a la importancia de incorporar a los profesores universitarios cristianos en el foco de acción de nuestros movimientos nacionales, con el fin de generar una conexión saludable con la universidad y, por ende, fortalecer el impacto que la fe cristiana ejerce en la vida universitaria, surge entonces la necesidad de animar a los movimientos nacionales a tomar iniciativas, por pequeñas que sean, para ir abriendo camino e incorporar en nuestro trabajo misionero y dialógico a los profesores que laboran hoy en nuestras universidades. Mientras que también lo es animar a los estudiantes que hoy están en las filas de nuestros movimientos a que consideren realizar estudios de posgrado y servir en las universidades como profesores en un futuro.

En el esquema de la mesa, el modelo pietista es el que goza de predominio en nuestros movimientos latinoamericanos. Uno de los grandes desafíos de este modelo es la exclusión generalizada de los estudiantes de posgrado y profesores e investigadores, puesto que el principal quehacer se centra en las células (o núcleos) estudiantiles de estudio bíblico. Un primer paso para reformar esta estrategia, creo yo, consiste en identificar y contactarse con los creyentes que trabajan y estudian en estas áreas en nuestras universidades. Un buen punto de partida es revisar los registros y contactos de nuestros movimientos nacionales.

¿Qué estudiantes creyentes, que participaron en el movimiento estudiantil, una vez graduados han continuado estudios de posgrado y siguen ligados a la universidad? Es importante no olvidar en este listado a los profesionales del área de la salud, médicos, enfermeros, fisiatras, odontólogos, que trabajan en hospitales y otros centros de salud en los que se realiza la docencia universitaria. ¡A veces nos olvidamos de estos profesores en particular!

La confección de este listado puede abrirnos dos nuevas inquietudes: Primero, ¿cómo estamos gestionando los registros de quienes participan en el movimiento? ¿Qué contacto mantenemos con los graduados y con aquellos que ya pasaron su época estudiantil en nuestras filas? ¿Mantenemos con ellos una comunicación fluida, que por una parte les mantiene al tanto de nuestro quehacer ministerial, pero que por otra se alimenta de la experiencia y contexto al cual ellos se enfrentan hoy? Creo que podemos mejorar bastante en mantener buenos registros y fortalecer la comunicación con nuestros graduados, y esto es indispensable para mejorar nuestras estrategias de conectar con la universidad.

Segundo, puede llevar a preguntarnos, ¿de qué manera nuestros movimientos nacionales están promoviendo que los estudiantes creyentes inicien carreras académicas y de investigación? ¿Es la misión universitaria un espacio que potencie los dones e inquietudes particulares en este sentido? O, por el contrario ¿se ha convertido (quizá sin querer) la misión universitaria en una distracción o un obstáculo para que los estudiantes puedan considerar el acceder a estudios de posgrado? Quizás si el movimiento nacional no está aún en condiciones de invertir recursos en un trabajo más directo con los profesores universitarios actuales, el punto de partida podría estar en invertir para el futuro, acompañando a los estudiantes de pregrado en este sentido.

Aprendizajes locales

Desde hace algunos años, en el GBUCH hemos estado comenzando a conectar personas cristianas involucradas con el mundo académico. Uno de los primeros frutos lo constituyó el *Encuentro Faraday de ciencia y fe* que se realizó en 2016 en conjunto con el Instituto Faraday de ciencia y religión (Cambridge, Reino Unido). Este evento fue organizado inicialmente por un grupo de estudiantes de doctorado de diferentes áreas de las ciencias naturales y otros profesionales afines que contactaron al Instituto Faraday. La idea de este encuentro era básicamente promover la compatibilidad entre la ciencia y la fe cristiana, y una aproximación de diálogo entre ambas. Gracias al apoyo del Instituto, se contó con las exposiciones de Hillary Marlow (teóloga) y Keith Fox (bioquímico), pero lo interesante fue que uno de los requisitos para realizar el curso era que tenía que haber expositores locales. Ello motivó al equipo a conectarse con profesores universitarios nacionales, y realizar el ejercicio descrito más arriba. Para nuestra alegría, finalmente no solo contamos con cerca de seis expositores de las filas del movimiento estudiantil, que en aquel momento se encontraban en el entorno académico, sino que también se pudo contactar a profesores y docentes cristianos no conectados con el GBUCH y que tenían una destacada trayectoria en sus respectivas áreas. El encuentro fue excelentemente evaluado, y pudieron participar cerca de setenta personas, entre profesores, estudiantes de pre y posgrado, y profesionales. Uno de los puntos resaltantes de este encuentro es que no estuvo enmarcado según el modelo apologético, como suele ocurrir en instancias parecidas a esta, sino en el modelo dialógico. Algunas de las ponencias fueron, por ejemplo, «el rol de la ética cristiana en la investigación científica», «Historia de las mujeres en ciencia en Chile», «Fe y ecología».

Luego de esta experiencia, el grupo ha logrado continuar con la inquietud de seguir conectando personas cristianas del mundo universitario. Gracias a estos contactos, pude realizar una pequeña encuesta, relacionada con una entrevista personal, la que me ayudó a conocer un poco mejor los desafíos y oportunidades que ofrece trabajar con este grupo humano en particular. Me permito aclarar que este informe que presento a continuación dista mucho de ser un estudio sociológico acabado, para lo cual no tengo las competencias. Sin embargo, me parece que aun cuando es una aproximación informal, es posible desprender algunas ideas e impresiones que pueden servir de ayuda para iniciar un trabajo serio y dedicado, enfocado en un espectro más amplio de la universidad.

Durante un periodo aproximado de tres meses estuve reuniéndome con doce profesores cristianos, que fueron parte de GBUCH y que actualmente se desempeñan como docentes o investigadores en alguna universidad privada o pública. Prácticamente todos ellos tienen estudios de posgrado, maestría o doctorado. La entrevista se basó en un conjunto de preguntas que abordaban principalmente tres temas: 1) La percepción que tenían los entrevistados respecto a la conexión entre su disciplina y la fe cristiana, 2) los desafíos o tensiones que enfrentan como creyentes en el mundo académico y como profesores en la iglesia local y, 3) sus impresiones de aportes en ambas direcciones que pueden ocurrir entre la iglesia (o IFES) y los profesores e investigadores cristianos.

A continuación, comento el resumen de las consideraciones que se desprenden de esta serie de entrevistas.

1. Integración de la fe cristiana en la vida académica.

Me resultó sorprendente, tras las entrevistas, reconocer que, desde la perspectiva del profesor universitario, tampoco es tan sencillo conectar la fe personal en Jesús y su reino con la vida académica. Aun cuando algunos de ellos parecen tener resuelta esta conexión, noté que en varios casos pareciera que ambos aspectos transcurrieran por carriles separados. Ante la pregunta «¿Ves alguna conexión entre tus actividades académicas principales y la fe cristiana?», dos personas respondieron directamente que no, mientras que otras tres, incluso habiendo confirmado que había una conexión, no pudieron explicar exactamente cuál sería esta.

Hice esta pregunta inmediatamente después de pedir a los entrevistados que explicaran brevemente en qué consistía su trabajo actual en la universidad, a lo que la mayoría respondía entusiastamente exponiéndome acerca de sus labores y proyectos. Fue interesante notar un cambio en el tono de voz luego de la pregunta. Algunos confesaron que aun cuando a veces piensan en esto, no es habitual para ellos reflexionar en la conexión.

¿A qué se debe esta tendencia en cierto modo dualista de ver la vida académica y la fe? A mi parecer, es posible que los profesores universitarios cristianos, al igual que lo hacen muchos otros creyentes, puedan caer en la tentación de compartimentar la vida, y relegar los asuntos de la fe a ciertos espacios delimitados (los tiempos en el culto de los domingos y otras reuniones de la iglesia), haciendo más difícil que estos asuntos de fe influyan en el resto de su quehacer.

Por otra parte, prácticamente todos los entrevistados agradecieron que se formulara la pregunta como una oportunidad para pensar acerca de esto. Como veremos más abajo, los profesores universitarios valoran los espacios en que se pueda pensar y reflexionar en torno a por qué se hace lo que se hace, y también sobre el cómo incorporar la dimensión de la fe en la práctica cotidiana. Aun así, luego de estas preguntas y reflexión inicial al consultarles sobre cómo su fe influía en aspectos más específicos de su quehacer, prácticamente todos pudieron reconocer que la fe cristiana que profesan tiene «mucha» influencia en ellos:

- *A la hora de relacionarse con sus pares o con los estudiantes.* Los entrevistados señalaron que la fe cristiana influye mucho en este aspecto, al considerar al otro como una persona con dignidad y valor como imagen de Dios. Usualmente son reconocidos por el buen trato que otorgan a los estudiantes y colegas. Esto contrasta con la presión que ejercen las cátedras numerosas, de ver a los estudiantes como un número, por ejemplo.

- *Al momento de administrar recursos económicos y humanos.* Para los entrevistados también la fe cristiana tiene mucha influencia en ellos en este punto. Señalan la ética cristiana, la transparencia económica y la valoración de las personas y su tiempo como parte esencial de su comportamiento.

Opiniones dispares surgieron frente a lo siguiente:

- *Al tomar decisiones en investigación (como por ejemplo a qué proyectos postular, qué líneas de investigación seguir, qué resultados publicar, dónde publicar, etc.).* En este caso muchos entrevistados identificaron que la fe cristiana tiene poca influencia sobre este tipo de decisiones, y que normalmente obedecen a otros factores externos. Algunos decían que aun cuando en la práctica están presentes otros factores externos, en última instancia el hacerse parte o no de ciertas líneas de investigación depende de convicciones que emanan de la fe cristiana.

En mi opinión, es posible que la diversidad de respuestas respecto a esta última pregunta provenga del hecho que muchos profesores universitarios entrevistados no habían pensado en estas cosas anteriormente.

Finalmente, cabe señalar que en algunas ocasiones, la conexión entre la fe y el mundo académico que observaban los entrevistados se limitaba a una especie de reminiscencia del quehacer del estudiante de pregrado que está involucrado con el GBU. Con esto me refiero a que varias respuestas iban por la línea del proselitismo o de la evangelización de sus pares y de los estudiantes. Ven la vida académica en sus múltiples facetas, como una de las formas en la cual pueden conectarse con personas para atraerlas a la iglesia. Esto se entremezcla a la vez con el reconocer esta acción como «muy difícil», ya que en el mundo académico se es rápidamente juzgado por las creencias, en especial si éstas (en apariencia) se contraponen a la razón. En conclusión, esto se traduce en frustración, pues aun teniendo las ganas de compartir la fe (invitar personas a la iglesia local), esto se hace rara vez, al no encontrar las oportunidades adecuadas.

¿De qué maneras podemos estimular a los profesores universitarios cristianos a hacer un ejercicio consciente de reflexión de sus disciplinas desde la fe cristiana? En mi opinión la respuesta a esta pregunta es crucial, puesto que difícilmente podremos contar con profesores universitarios e investigadores que articulen una voz cristiana en el diálogo universitario, si difícilmente ellos pueden conectar lo que hacen y piensan con lo que implica seguir a Cristo. En otras palabras, el asunto es cómo podemos fomentar que estudiantes y profesores adquieran la disciplina de pensar teológicamente respecto a la realidad.

2. Desafíos pastorales particulares.

Otro aspecto importante que la entrevista me permitió notar fue las necesidades pastorales especiales que enfrentan las hermanas y hermanos que se desempeñan en el mundo académico.

Varios artículos han señalado lo desafiante que puede ser dedicarse a la academia en Chile, Latinoamérica y el mundo.[28] Estos desafíos provienen de la enorme presión a la que la mayor parte de los profesores universitarios e investigadores están sometidos: la exigencia de cierto número de publicaciones anuales en determinadas revistas de alto impacto, la escasez de fondos para la investigación, las exigencias de la vida docente (agravadas tras la pandemia y la virtualización de la mayor parte de los quehaceres), horas de trabajo poco delimitadas, participación en equipos de trabajo (y los conflictos propios que ello trae), presión para perfeccionarse en docencia, etc. A esto podemos sumar las presiones adicionales de tener una familia, esposo o esposa e incluyendo hijos en diferentes etapas de crecimiento. Esto se acentúa en el caso de las mujeres académicas; recientemente se publicó un informe de la ONU,[29]

---

28. Por ejemplo, el artículo publicado a inicios de 2020, por El País de España, titulado «Por qué los investigadores muestran síntomas de ansiedad o depresión» sintetiza varios estudios que muestran problemas particulares de los investigadores en relación con la sobre especialización, el exceso de trabajo, la falta de formación alternativa, los problemas de comunicación, la mala gestión del tiempo, la hiper competitividad, la incertidumbre laboral y la presión por publicar.
https://elpais.com/elpais/2020/01/20/ciencia/1579516455_167621.html
29. *Mujeres en Ciencia, Víctimas de la Desigualdad de Género en pleno Siglo XXI*, Reportes de la ONU, febrero 2020. https://news.un.org/es/story/2020/02/1469451

en el que se señala que los desafíos para una mujer dedicada a la academia son significativamente mayores que para un hombre en la misma posición.

Los profesores universitarios e investigadores cristianos no están ajenos a estos desafíos propios de la profesión, pero analizando las respuestas de los entrevistados, creo que podemos añadir algunos más:

- *El sentimiento de soledad.* Que proviene de varias fuentes. Una de ellas es la excesiva especialización, en la que por dedicarse a algo tan específico y único, finalmente un número reducido de personas en el mundo puede entender qué es exactamente lo que está haciendo un investigador. Pero, además, aún dentro de los grupos de investigación, una mirada desde la fe cristiana acerca de un fenómeno, problema, o sistema, no será fácilmente comprendido por los pares que no profesan la fe cristiana o no tienen interés en dar una lectura más filosófica al asunto.

- *La incomprensión desde la iglesia.* En ocasiones, en nuestras iglesias evangélicas se mira con sospecha a los profesores universitarios y personas de ciencia. Cuando no hay una doctrina sana sobre la relación entre creer y pensar, con dificultad se aceptará los cuestionamientos y dudas sinceras que provienen de aquellos cuya vida está basada en hacer preguntas. Lamentablemente en nuestras iglesias latinoamericanas la norma es que exista esta brecha. El modelo de conflicto o de *non-overlapping magisteria* ha ganado lugar en el pensar y sentir de los pastores y líderes cristianos para quienes la ciencia y la fe están en conflicto, o bien se ocupan de esferas que no tienen nada que ver entre ellas. Esto representa una dificultad adicional para quienes nos dedicamos a las ciencias y encontramos en ellas una herramienta para conocer y disfrutar el mundo de Dios.

Esto se ha agravado en los últimos años debido a la politización de ciertos asuntos, como es el caso de la relación entre la creación y la evolución. Un creyente que, en base a su disciplina de estudio, avala la teoría de la evolución, por ejemplo, puede llegar a ser criticado, «corregido» o incluso censurado en su iglesia local producto de la dañina influencia que han tenido ciertas visiones políticas (no científicas) importadas desde el norte, en nuestras comunidades de fe latinoamericanas, en las que se ha confundido el seguir estas posiciones acríticas con la «ortodoxia».

Tristemente, esta presión adicional ha provocado quiebres con la iglesia local de varios de los académicos que pude entrevistar. Me temo que esto sea un fenómeno más frecuente de lo que quisiéramos reconocer.

Ante estos desafíos, podemos preguntarnos, así como IFES, ¿de qué manera podríamos colaborar en la contención y servicio hacia ellos? ¿Cómo podemos ayudarles a tener herramientas para enfrentar estas múltiples presiones? ¿Cómo podemos contribuir al desarrollo de relaciones sanas en las familias y las iglesias locales de los profesores universitarios cristianos?

Difícilmente podremos contar con profesores que colaboren en un modelo dialógico con la universidad, si ellos mismos sucumben en su fe a las presiones propias de su posición.

3. Falta de redes de acompañamiento, que estimulen la reflexión teológica en torno a las disciplinas en las que están enfocados

Finalmente, otro aspecto señalado en la entrevista de manera transversal por los participantes, fue la falta de redes. Varios se quejaban de que no tienen contacto con otros creyentes en el mundo académico, o si lo tienen, los vínculos son muy superficiales. No hay oportunidad de poder dialogar asuntos en torno a la ciencia y la fe.

Durante el año 2016, en el encuentro Faraday que mencioné anteriormente, se reservó una de las noches para un conversatorio titulado «Los desafíos en el ámbito académico en torno a la ciencia y la religión». Uno de los puntos de acuerdo fue que el mayor obstáculo para avanzar en el diálogo, y en pensar teológicamente nuestra realidad es la falta de espacios donde sea posible verbalizar los principales desafíos a los que se enfrenta cada creyente en su propia disciplina.

¿Por qué es difícil generar estos espacios? Probablemente los factores son numerosos, pero algo relevante es una cosa de tiempo. Cada profesor está ya luchando con la administración de sus tiempos en torno a los desafíos mencionados anteriormente; y finalmente, a menos que un agente externo pueda ayudar convocando y organizando encuentros como este, difícilmente surgirá algo desde los mismos profesores.

El mejor ejemplo es lo que nos sucedió tras el encuentro Faraday. Aún pese a la excelente evaluación que tuvo dicho encuentro, y a las iniciativas que surgieron como réplica al encuentro (tal como la creación del grupo Cuidado Creación Chile, que promueve una mirada cristiana de la administración de la creación en nuestro país), luego que los entonces estudiantes de doctorado que participaron en la organización se graduaran, la posibilidad de generar un nuevo encuentro similar se ha postergado por más de cuatro años.

Oportunidades de ifes de servir e invertir en los profesores universitarios

De lo anterior se desprende la necesidad de generar espacios de interacción para los profesores universitarios cristianos. Espacios en los que se pueda, entre otras cosas:

- Reconocer la labor que realizan en sus disciplinas respectivas.
- Contactar profesores universitarios que trabajan en disciplinas afines, pero también entre disciplinas en apariencia diferentes.
- Otorgar herramientas para «pensar teológicamente» las disciplinas de estudio.
- Brindar espacios para problematizar y plantear con sinceridad los desafíos (y por qué no, crisis de fe) que enfrentan en sus áreas.
- Identificar las «grandes conversaciones» de la universidad.
- Articular voces de diálogo en estas grandes conversaciones.

A nivel de región, se valoran los esfuerzos que se han hecho ya en este sentido. En el marco del proyecto de IFES de Conectar con la Universidad, en los años 2014 y 2018 se realizaron encuentros de profesores universitarios y obreros en Brasil y Panamá respectivamente, para dialogar en torno a estas grandes conversaciones. Del mismo modo, tenemos las iniciativas de movimientos nacionales como Brasil, que ha convocado a un encuentro de profesores universitarios cristianos para este 2020 y de Perú, que ha estado trabajando el tema de manera constante desde hace varios años.

Podemos promover en otros movimientos las siguientes acciones, que van desde las más sencillas hasta las más complejas:

- Identificar profesores, investigadores y estudiantes de posgrado cristianos en las universidades nacionales.
- Convocar a encuentros de profesores, donde se pueda conversar sobre la fe, el quehacer académico, sus oportunidades y desafíos; pero básicamente donde estos profesores puedan conocerse.

- Comunicar a los pastores de las iglesias locales una mirada saludable del ámbito académico en general y de la relación ciencia y fe en particular, que pueda ayudar a una mejor comprensión de los profesores universitarios como personas (misioneros o embajadores) que están extendiendo el reino de Dios en sus disciplinas.
- Promover entre los estudiantes de pregrado, el interés por la vida académica y los estudios de posgrado e investigación.
- Ayudar a los profesores universitarios a pensar teológicamente su disciplina, por medio de literatura general o específica acerca del tema.
- Crear una base de datos de literatura, libros o artículos que permitan reflexionar las distintas áreas del saber desde la fe cristiana.
- Generar redes de acompañamiento entre profesores universitarios y estudiantes de pregrado, que integren la fe como parte importante de la discusión.
- Realizar sesiones de charlas o talleres temáticos en iglesias locales, que ayuden a «traer» la academia a ambientes cristianos familiares.
- Exponer proyectos de investigación que realizan los profesores universitarios cristianos.
- Discutir sobre asuntos de ética en la vida académica.

En resumen, para que podamos incorporar a los profesores universitarios en nuestro plan de acción, asumiendo el modelo misional de la mesa, es importante reconocer que ellos constituyen un grupo humano único y con necesidades y oportunidades especiales. Debemos prepararnos a nivel de movimientos nacionales, para abordarles adecuadamente y hacerlos parte de nuestro quehacer, de manera tal que puedan ser un aporte que impacte y contribuya globalmente a nuestro propósito de conectar con toda la universidad.

Reflexiones en torno a conectar con la universidad desde las experiencias de la Aliança Bíblica Universitária do Brasil

Sarah Nigri de Angelis[30] *y Morgana Boostel*[31]

¿Qué significa conectar con la universidad? Significa ofrecer un testimonio cristiano encarnacional, integral e intelectualmente creíble relevante para el mundo estudiantil. Esta es la peculiar vocación que asume IFES y uno de sus mayores retos. En respuesta a este llamado, cada movimiento nacional debe considerar las necesidades y oportunidades en su propio contexto, así como sus recursos y posibilidades de acción

---

30. Sarah Nigri de Angelis sirve como Secretaria General de la Alianza Bíblica Universitaria de Brasil (ABUB). Tiene formación en historia y posee una maestría en historia social de las relaciones políticas.
31. Morgana Boostel es psicóloga clínica y social, con formación en psicología por la Universidad Federal del Espíritu Santo. Sirvió como Secretaria de Compromiso Misionero de ABUB entre 2015 y 2021. Es una activista en temas de juventud y derechos humanos.

misionera. Por lo tanto, no hay una fórmula a seguir para promover el compromiso con la universidad, sino innumerables formas y posibilidades de impactar positivamente la realidad para la gloria de Cristo.

En este artículo, nos gustaría discutir brevemente los resultados de una encuesta realizada en 2019 en ABUB (Aliança Bíblica Universitária do Brasil) que generó importantes informaciones sobre el testimonio cristiano en las escuelas y universidades del país, además de compartir dos iniciativas desarrolladas en ABUB que buscaban, por medio de distintas estrategias, construir puentes con la universidad, la sociedad y la iglesia. A partir de estas experiencias y reflexiones, haremos finalmente algunos comentarios sobre la importancia de valorar la diversidad y la amplitud del compromiso misionero en el mundo estudiantil.

Compromiso desde el mundo estudiantil

Tratando de entender cómo los grupos de ABUB se involucran con el mundo estudiantil, realizamos una amplia encuesta en 2019 y les pedimos a los estudiantes, entre otras cosas, que evaluaran la presencia cristiana en los espacios académicos y donde se toman decisiones en las escuelas y universidades. También les preguntamos si tenían el ánimo de reflexionar de forma cristiana respecto a sus estudios y a su futura actividad profesional.

Los resultados revelaron que alrededor del 65% de los encuestados tuvieron «el ánimo de reflexionar de forma cristiana respecto a sus estudios» y el 30% estuvo de acuerdo en que esta afirmación es parcialmente cierta. Casi el 90% de los estudiantes indicaron que estar conectados con el mundo estudiantil significa «preocuparse y abogar por instituciones educativas más justas». Por lo tanto, en términos de comprensión y percepción personal, podemos ver que una gran parte de los estudiantes de la ABUB demuestran tener el ánimo de integrar la fe y el conocimiento académico y ven el compromiso con la universidad como una responsabilidad profética del ministerio estudiantil.

Cuando se les preguntó si los grupos ABUB estaban involucrados en actividades promovidas por instituciones educativas o grupos no cristianos en universidades y escuelas, el 37% dijo no participar en estas iniciativas. Sólo el 12% indicó que se involucra en acciones propuestas por actores externos (ajenos a la ABUB o no cristianos) y el 16% informó que esta participación se da parcialmente. Dichos datos pueden sugerir que, a pesar de la percepción favorable respecto a la importancia de desarrollar una mentalidad y un testimonio cristiano en el mundo estudiantil, muchos grupos y estudiantes todavía tienen dificultades para dialogar e interactuar con los no cristianos y con la universidad en general.

Otro dato que llama la atención es la diversidad religiosa en los grupos ABU y ABS (estudiantes universitarios y secundarios, respectivamente) que conforman la ABUB. De los ochenta y ocho grupos de estudiantes encuestados, más de cuarenta informaron que entre el 80% y el 99% de sus participantes son cristianos evangélicos. Otros catorce grupos señalaron que todos sus participantes son cristianos y evangélicos.

En su artículo «Cristo y la universidad», Vinoth Rama-chandra nos ofrece el siguiente reto: «La presuposición dominante entre estudiantes y obreros es que evangelismo consiste en invitar a aquellos que no son cristianos a que vengan a *nuestras* reuniones, que escuchen *nuestros* puntos de vista, aprendan *nuestro* lenguaje, lean *nuestras* Escrituras. En este contexto somos la mayoría y estamos siempre en control». Reconocemos que ésta es a menudo la estrategia habitual de muchos grupos en ABUB, lo que resulta en poca interacción y participación de los no cristianos. Por ello, es importante dar visibilidad a las experiencias de compromiso con la universidad que buscan traspasar las fronteras y promover un mayor diálogo entre cristianos y no cristianos en el entorno estudiantil. A continuación, conoceremos dos iniciativas que generan inspiración.

Causar impacto en la universidad y la comunidad: Festival de arte y cultura ¡Mira!

Según Vinoth Ramachandra, la misión estudiantil no puede entenderse simplemente como una extensión de los ministerios juveniles de la iglesia en el entorno académico. Al fin y al cabo, la universidad tiene su propia cultura, se comunica por medio de un lenguaje propio y sus debates exigen que los participantes posean la preparación y cualificación que les corresponde.

Habiendo considerado todo ello, en 2014 un grupo de estudiantes de la ciudad de Pelotas en Rio Grande do Sul, se movilizó con el fin de impactar su universidad y su ciudad. En primer lugar, hicieron una pausa y «miraron», es decir, observaron detenidamente su contexto y se preguntaron: ¿Qué cuestiones son más sensibles y relevantes en este lugar? ¿Cuál es el perfil de los estudiantes y residentes de esta región? ¿Qué conocimientos y qué clase de arte se han producido en la universidad y en la ciudad? ¿Cómo podemos cruzar las fronteras, tender puentes y promover el diálogo?

El resultado de esta atenta «mirada» y las reflexiones posteriores produjo *¡Mira!*, un festival de arte y cultura que, a lo largo de una semana, promovió diversas actividades académicas en torno al tema de la *identidad latinoamericana*. El objetivo del festival fue: «fomentar la discusión y la reflexión en torno a la identidad latinoamericana desde las artes, la responsabilidad social y el cristianismo y, por tanto, divulgar el aspecto racional de la fe cristiana en el contexto académico».

Se realizaron talleres, conciertos y actuaciones musicales; debates sobre temas como el racismo y la xenofobia; la seguridad alimentaria y la agroecología; la democracia y la participación; el género literario y el arte; el cine y la memoria; así como la exhibición de exposiciones artísticas y documentales que destacan la producción de los artistas locales. Todo ello fue realizado por los propios estudiantes en colaboración con la Universidad Federal (UFPel), con la administración municipal y la financiación de IFES, por medio del programa «Innovación». También pudieron contar con la ayuda de una asesora voluntaria de la ABUB que trabajaba en la universidad como investigadora.

En este punto, es interesante recordar algunos datos de la encuesta realizada por ABUB en 2019. Sólo el 26% de los grupos de la ABU afirmaron que mantenían una relación establecida y fructífera con profesores e investigadores cristianos, lo que demuestra que la relación entre nuestro movimiento y estos profesionales es todavía tímida y podría aprovecharse mejor. En el caso del festival *¡Mira!*, los estudiantes contaron con el gran estímulo y la ayuda de una investigadora local (estudiante de doctorado) de la ABUB, y con la colaboración de profesores universitarios cristianos que participaron en las actividades.

¡Mira! fue reconocido como proyecto de extensión universitaria, lo que permitió expedir certificados a los participantes, así como financiar parcialmente los gastos de viaje de los estudiantes y artistas que vinieron de otras ciudades y estados. Se contó con la participación de profesionales, docentes y estudiantes (cristianos y no cristianos) de distintas partes de Brasil.

Las interacciones y diálogos promovidos en este festival favorecen el reconocimiento de la gracia común que se expresa entre cristianos y no cristianos, por medio de la defensa de la vida, la lucha por la justicia, la creatividad y la proclamación de la verdad. Como dijo Calvino en su Institución: «Si admitimos que el Espíritu de Dios es como la fuente única de verdad, no menospreciaremos la verdad aparezca donde aparezca; de lo contrario, estaríamos insultando al Espíritu de Dios». Acoger con humildad la verdad que se proclama a nuestro alrededor es un ejercicio necesario para todos aquellos que deseen conectarse con el mundo estudiantil.

La experiencia promovida por el grupo ABU en la ciudad de Pelotas nos ayuda a reflexionar más de cerca respecto a las posibilidades de diálogo con la universidad y la importancia de abandonar nuestras zonas de confort para compartir espacios de conversación con estudiantes, profesores e investigadores, con los que podemos discrepar respetuosamente pero de los que también podemos aprender y crecer.

Impactar la iglesia y la sociedad desde el mundo estudiantil: ABUB contra el racismo

Además del diálogo con el mundo académico, el ministerio estudiantil también desempeña el importante papel de llevar a las iglesias temas y cuestiones relevantes para la sociedad en cada generación, para que puedan ser analizados y discutidos a la luz de las Escrituras. Traducir los debates académicos y contextualizarlos a los espacios eclesiásticos es otra gran contribución que pueden ofrecer los movimientos de IFES.

Un tema muy pertinente que sigue desafiándonos en todos los ámbitos sociales es el racismo. En Brasil, a veces puede presentarse explícitamente, pero en la mayoría de los casos es un problema que no se reconoce y casi no se enfrenta. Se violan sistemáticamente los derechos de los negros, mientras que una parte de la sociedad se niega a verlo. En nuestro país, la esclavitud no se abolió hasta 1888 y no hubo políticas de reparación para los negros esclavizados. La cultura brasileña sigue teniendo profundas marcas y, como consecuencia, las siguientes generaciones de hombres y mujeres negros siguen sufriendo los impactos del prejuicio y la discriminación.

Los estudiantes que participan en ABUB no siempre han tenido la oportunidad de hablar abiertamente del racismo en sus familias, escuelas e iglesias. Por lo tanto, era importante incluir este tema en los eventos de formación y dar visibilidad a los hombres y mujeres negros del movimiento que enfrentan los impactos del prejuicio racial día tras día. Muchos estudiantes ya se habían topado con este tema en debates sociales o académicos, pero no relacionaban las discusiones con su fe. En respuesta a esta necesidad, la Secretaría Ejecutiva de la ABUB concibió el proyecto «ABUB contra el racismo», realizado con el apoyo de Tearfund, y que tenía como objetivo (1) discutir el tema de forma abierta; (2) proponer iniciativas en la comunidad estudiantil, buscando promover la reducción de las desigualdades y (3) formar líderes evangélicos capaces de reflexionar e influir en las cuestiones relacionadas con la discriminación racial en Brasil.

Hubo tres grandes ejes de trabajo que se desarrollaron en 2017 y 2018 por toda la ABUB. Uno de ellos fue el eje de la comunicación, cuyo énfasis fue las redes sociales y la difusión de información, con el fin de resaltar las desigualdades existentes entre negros y blancos en Brasil y recordar el importante papel que juegan los cristianos negros dedicados a esta lucha. El segundo eje valoró la formación de los participantes. En los eventos regionales y nacionales de la ABUB, hubo conferencias, debates, charlas y otras actividades que buscaban afirmar y valorar la negritud. El tercer eje tuvo como objetivo reforzar el diálogo a nivel local. Catorce estudiantes y facilitadores profesionales de diez estados de Brasil fueron seleccionados para participar en un encuentro de capacitación, en el que se abordaron aspectos teológicos y sociológicos del tema racial y se trataron las trayectorias y narrativas de los participantes.

Tras la reunión, se animó a los facilitadores a realizar talleres en las iglesias de sus ciudades, con el fin de elaborar documentos, estudios bíblicos e impresos. El objetivo era crear conciencia en torno al racismo en la sociedad, especialmente en la iglesia y la universidad.

En la encuesta que se llevó a cabo en 2019 en ABUB, se les preguntó a los estudiantes qué temas generaban más preocupación en los grupos (durante los doce meses anteriores) y el tema del racismo surgió como el tercero más mencionado, habiendo sido seleccionado por el 35% de los grupos, y superado sólo por los temas «depresión y salud mental» y «polarización en la política». Al observar estas respuestas, vemos que los grupos leen y actúan espontáneamente respecto a la realidad, pero también responden decidida y positivamente a los estímulos y provocaciones que los líderes de ABUB ofrecen por medio de los programas de formación. Es un proceso que se retroalimenta y refuerza.

Fue emocionante y gratificante trabajar con este tema en ABUB. Muchos hombres y mujeres negros expresaron sentirse más amados y acogidos por Dios. Por otro lado, hubo momentos difíciles y delicados; se escucharon discursos racistas incluso dentro de las acciones del proyecto. Algunos argumentaron que «¡sólo hay que ignorar el racismo, porque a Dios no le importa!» Tales declaraciones demuestran la necesidad de seguir luchando contra el prejuicio racial y de sensibilizar a nuestros hermanos y hermanas sobre este tema del que todavía se habla poco en los espacios cristianos.

Durante los talleres de ABUB, muchas personas lograron descubrirse a sí mismas que eran negras y comprendieron que Dios se preocupa por ellas, tanto en la Biblia como en nuestros días. Podemos decir que el proyecto «ABUB contra el racismo» nos permitió tratar las heridas, afrontar el pecado de la discriminación racial y buscar el perdón y la reconciliación.

Protagonismo estudiantil y vocación profética en el compromiso con la universidad

Ante los retos de la experiencia misionera encarnacional y dialógica en el mundo estudiantil, es muy alentador observar el protagonismo de los estudiantes y la actitud proactiva de los grupos de la ABUB que siguen buscando construir puentes y cruzar fronteras. En la siguiente tabla, vemos cuántas actividades fueron propuestas por los estudiantes y se lograron cumplir durante un año de trabajo.

Cuadro 1 — Actividades realizadas por los grupos de la ABUB en doce meses (2018-2019)

- Se llevaron a cabo 9378 estudios bíblicos;
- 212 actividades de bienvenida para los nuevos estudiantes;
- Hubo 68 actividades para recibir a los estudiantes el día del examen de ingreso;
- Hubo 7 presentaciones del Experimento Marcos;
- Celebración de 88 mesas redondas/debates/conferencias/charlas promovidas por grupos de la ABUB en escuelas/universidades;
- Se realizaron 14 foros literarios;
- Se realizaron 22 cine-debates en colegios y universidades;
- Hubo 81 actividades culturales (exposición, presentación musical, etc.) promovidas por estudiantes de la ABUB en escuelas/universidades;
- Se realizaron 34 actividades de servicio social (colecta de alimentos, colecta de ropa de abrigo, visitas a instituciones para ancianos y niños, pintura de casas, donaciones de sangre, entre otras);

> • Se realizaron 56 actividades de sensibilización e incidencia en torno a algún tema de interés social (las políticas públicas, el derecho a la educación, la lucha contra el racismo, el machismo, la violencia, entre otros).

Además de la dimensión académica/intelectual/cultural del compromiso con la universidad, en Brasil es muy común —así como en el contexto latinoamericano en general— que la vinculación con la universidad esté estrechamente relacionada con la realización de obras de justicia, diaconía, servicio y promoción de la vida en el ámbito escolar y académico.

Enfatizamos el aspecto encarnacional del testimonio cristiano en el mundo estudiantil. Por ello, en el cuadro anterior se describen diversas acciones destinadas a la acogida de nuevos estudiantes, iniciativas de asistencia social y sensibilización sobre temas de interés social. Se trata de una dimensión que le cuesta mucho a la misión estudiantil, que percibe la «vida en la universidad» no sólo según sus aspectos intelectuales y académicos, sino también en los desafíos impuestos a los estudiantes y profesionales por la falta de recursos, por las relaciones de poder desiguales e injustas, por la exclusión y la violencia que, de distintas formas, afectan a la vida de las personas que transitan por la universidad y el mundo estudiantil.

La amplitud y la diversidad del compromiso con la universidad

A lo largo de este texto, hemos reflexionado sobre la visión del compromiso misionero que promueve IFES y comentamos algunos datos y observaciones de parte de los estudiantes de la ABUB sobre la presencia cristiana en el mundo estudiantil y el compromiso con la universidad, la iglesia y la sociedad. Hablamos de la importancia de evaluar y ajustar siempre las estrategias y los enfoques en el ministerio, si realmente queremos tender puentes y demostrar la relevancia de nuestra fe en el entorno académico y la sociedad.

Las iniciativas pueden surgir a través del protagonismo de los estudiantes — como ocurrió en el festival *¡Mira!* — o institucionalmente, por medio de las reflexiones y acciones propuestas por los líderes y obreros de los movimientos, como ocurrió en el proyecto «ABU contra el racismo». Hay espacio para la creatividad y la colaboración en todos los niveles y direcciones, ya que el compromiso con la universidad se refuerza con estas interacciones.

Cada movimiento nacional de IFES es capaz de responder a su llamado desde sus distintos actores, recursos, oportunidades, sueños y necesidades. El ministerio de ABUB incluye el trabajo con estudiantes de secundaria, universitarios y profesionales. Cada público posee sus propias exigencias y contextos muy distintos en un país de dimensiones continentales. Al igual que en otros países de América Latina, en Brasil es cada vez más difícil lograr que los estudiantes participen formalmente en proyectos de investigación y extensión en las universidades, por causa de los pocos recursos, las bajas inversiones, las becas restringidas y las escasas oportunidades. El compromiso y la implicación de los estudiantes cristianos con la universidad se producirá a menudo por medio de las acciones políticas y asistenciales, que tienen como objetivo garantizar el acceso y la permanencia de los jóvenes en la universidad, así como las condiciones mínimas para que disfruten del entorno académico y puedan desarrollar satisfactoriamente su potencial.

Las iniciativas promovidas por IFES en los últimos años han contribuido a que los movimientos nacionales tomen conciencia de sus llamados y se animen a responder de manera creativa y contextualizada a sus retos y oportunidades. Hay innumerables posibilidades de promover el compromiso con la universidad en IFES, y esta amplitud y diversidad representan puntos fuertes de nuestra comunidad. Sigamos construyendo juntos la misión estudiantil y dando visibilidad a las buenas iniciativas y experiencias locales de compromiso con el mundo estudiantil, ya que pueden configurar nuestros ministerios hacia una visión y experiencia misionera profundamente encarnada, integral e intelectualmente pertinente para el mundo estudiantil.